JN087159

中山達樹 著

海外進出前のデザインから
進出後の対応まで

グローバル・ガバナンス・コンプライアンス

Global

Compliance

Governance

中央経済社

# はしがき

　多くの日本企業がグローバル化の波を感じていますが，海外ビジネスには「二重のハードル」があります。英語と法律です。

　言語の壁もあり，海外ビジネスに関する情報は圧倒的に不足しています。英語（や現地語）が苦手であれば，現地の一次情報は手に入りません。いわんや，海外の法律・法務実務のニッチな情報は，ネット上にもほぼ皆無です。しかも，日本企業では，英語も法律も理解できる人材が圧倒的に不足しています。このような英語と法律という二重のハードルを越えやすくするのが本書の目的です。

　私は，国際弁護士として得意な英語と法律を生業にしています。多くの方が苦手意識を持つ英語と法律を活かし，日系企業の二重のハードルを低くすることに強い使命感を感じています。私は，日本の法律事務所で初めてアジア（バンコク）に拠点を出した三宅・山崎法律事務所（当時）に所属し，アジアビジネスの黎明期に2年間シンガポールに赴任するなどして，日本企業の海外進出を20年近くサポートしてきました。今でも，国際弁護士団体の環太平洋法曹協会（IPBA）のネットワークを活かし，月に一回は海外を飛び回り（コロナのため2020年は出張は少なかったですが），現地の生の情報を集めて法実務のアップデートをしています。

　この経験を活かして，海外各国の法制度・実務を俯瞰的・横断的に広く示しているのが本書の画期的な特徴と自負しています。この私のノウハウと経験を活かし，多くの日本企業に，英語と法律の二重のハードルを超えてグローバルにチャレンジしてもらいたいです。

　海外のうち，法と実務の乖離が著しい新興国ビジネスでは，蠢く有象無象と戦いつつ，暗中模索の中で臨機応変に「正解のない最適解」を希求します。何が最適解かはケース・バイ・ケースです。すべてに当てはまる当たり障りのない助言は無価値ですし，紙数の限界があります。そこで本書では，難しい法律を「ざっくり」分かりやすく説明し，リスクをとって大胆に言い切る形の「当たり障りのある」表現をあえて心がけました。みなさまの最適解の一助となれば幸甚です。

　本書刊行にあたっては，内容に関するすべての責任は著者にあります。助言いただいた濱田和成様に篤くお礼申し上げます。

2021年8月　　中山達樹

**目 次**

# 第1章

# 海外進出に
# あたって

# 1　進出先の選定

　海外進出にあたり，どの国に進出すべきかについての一般的な考慮要素には次の３つがあります（各国の特徴は第7章で詳しく述べます）。

## ■将来性

　先進国は（アメリカ以外は）少子高齢化が進み，人口オーナス（負担）となり将来性がありません。一方，発展途上国は人口ボーナスの恩恵を受けて経済が成長します。

　例えば，出生率が３を超えるフィリピンでは，国民の平均年齢（24歳）は，日本（48歳）の２分の１です。フィリピンの人口はこれから急増します。このような将来性のある国では消費者相手のB2Cビジネスにメリットがあります。

　なお，フィリピンの高い出生率は，離婚や避妊を制限するカトリックの影響です。

## ■人件費上昇率

　（主要国では）インド，インドネシア，ベトナムのように人件費が10％近く上昇する国があります。仮に人件費が毎年10％上昇し続けたら，７年で２倍，11.5年で３倍になります。10年後のコスト増を念頭においた上で進出しましょう。

　人件費上昇率が高い国では，ストライキが多く発生します（第4章[6]参照）。

## ■在外邦人数

　例えば，外務省に登録しているタイ在住の日本人は約８万人です（未登録者を含めると10万人を超えると言われています）。ただ，タイには「日本人を食い物にする悪しき日本人」（日系企業ゴロ）が数万人もいると言われていますので要注意です。

　一方，インド在住の日本人はようやく１万人に達しました。タイとインドでは在外邦人数が10倍も違います。それくらいインドに対する心理的・地理的・文化的ハードルはまだ高いです。インドビジネスの難しさがこの数字からもうかがい知れます。

## ◆海外主要国の将来性

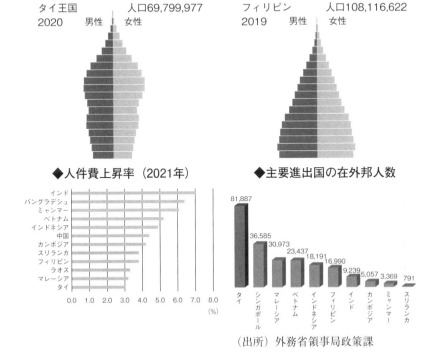

| | 国名 | 国民の平均年齢* | 出生率** | 高齢社会入り（65歳以上 14%～） | 人口ボーナス期 |
|---|---|---|---|---|---|
| 成熟 ↑ | 日本 | 47歳 | 1.42 | 1994年 | |
| | タイ | 38歳 | 1.53 | 2028年 | 終了 |
| | シンガポール | 35歳 | 1.18 | 2016年 | |
| | スリランカ | 33歳 | 2.20 | － | － |
| | ベトナム | 31歳 | 2.04 | 2038年 | 今後50年 |
| | インドネシア | 30歳 | 2.34 | 2039年 | 今後55年 |
| | マレーシア | 29歳 | 2.02 | 2041年 | 今後65年 |
| | ミャンマー | 28歳 | 2.17 | 2041年 | |
| | インド | 28歳 | 2.25 | 2046年 | 今後75年 |
| 若い ↓ | フィリピン | 24歳 | 3.11 | 2050年以降 | 今後80年 |

*2021　World Population Review
**2019　THE WORLD BANK

## ◆フィリピンの人口ピラミッドは，（少子高齢化が進む）タイとは大きく異なる

タイ王国 2020　男性　女性　人口69,799,977

フィリピン 2019　男性　女性　人口108,116,622

## ◆人件費上昇率（2021年）

インド
バングラデシュ
ミャンマー
ベトナム
インドネシア
中国
カンボジア
スリランカ
フィリピン
ラオス
マレーシア
タイ

0.0　1.0　2.0　3.0　4.0　5.0　6.0　7.0　8.0 (%)

## ◆主要進出国の在外邦人数

タイ 81,887
シンガポール 36,585
マレーシア 30,973
ベトナム 23,437
インドネシア 18,191
フィリピン 16,990
インド 9,239
カンボジア 5,057
ミャンマー 3,369
スリランカ 791

（出所）外務省領事局政策課

11

# 2　先進国のリスク

　海外進出にあたって検討が必要なリスクも，国や地域により異なります。まずは，先進国に進出する場合のリスクを考えます。

## ■人　権

　EU（欧州）ではとても人権意識が高いです。LGBTやSOGI（Sexual Orientation & Gender Identity＝性的志向・性自認）などの差別問題のみならず，サプライチェーンにおける従業員の労働者としての権利保護が重要です。サプライチェーンの下流でも労働者を搾取することは許されません。

　EU域内に工場を有さず，サプライチェーンがアジア等に工場を持つ場合でも，奴隷的労働を禁じる英国奴隷法に注意する必要があります。2019年からは，オーストラリアでも英国を見倣って奴隷法が成立しました。

## ■環　境

　EV車の登場のみならず，米国のバイデン新大統領がパリ協定に復帰することを宣言したように，世界では環境意識がさらに高まっています。海外で製造工場を持つ場合や，有害廃棄物が発生する場合，環境規制に配慮する必要があります。

　特に欧州では環境意識が高く，二酸化炭素排出量が多いため，飛行機や航空業を「飛び恥」として敬遠する動きもあります。

## ■カルテル

　欧米では，競争法（日本の独占禁止法）は「経済憲法」として重要です。ヨーロッパ人には，アメリカ発のサービス（例えばFacebookやWhatsAppなど）に対する心理的反発があることも多いです。

　カルテルの摘発では，アメリカやEUでは1,000億円程度の罰金（制裁金）を課されている例があります。

## ■GDPR（個人情報保護）

　GDPR（General Data Protection Regulation：EU一般データ保護規則）は，

2018年５月から施行されたEUにおける個人情報保護法です。EU域内の個人情報を扱う場合，EU域内に代理人を置いたり，（日本本社内に）データ保護責任者を置かなければならない，といった厳格な措置が要求されます（GDPRについては第３章⑧で説明します）。

◆先進国のリスク

| ・英国現代奴隷法等 | ・EU |
|---|---|
| ・サプライチェーン管理 | ・アメリカ |

人権　カルテル

環境　個人情報保護

| ・ESG | ・GDPR |
|---|---|
| ・SDGs | ・域外移転 |
| ・脱炭素 | |

◆最近の主要な環境法

| アメリカ | ・米国カリフォルニア州サプライチェーン透明法（2012年）<br>・米国貿易円滑化及び権利行使に関する法律（2016年） |
|---|---|
| EU | ・英国現代奴隷法（2015年）<br>・フランス（人権・環境リスクに対する）注意義務法（2017年）<br>・EU紛争鉱物規則（2021年）<br>・オランダ児童労働DD法（2022年見込み） |
| その他 | ・豪州現代奴隷法（2019年） |

# 3　新興国のリスク

先進国と異なり，新興国には以下のリスクがあります。

## ■生命身体

　新興国では「3万円で人が殺せる」と言われます。それくらい安価にヒットマン（暗殺者）が雇えます。異性関係やお金のトラブルに巻き込まれて恨みを買わないようにしましょう。

　また，対日感情が微妙な中国からの撤退では，法令遵守よりも先に，人命保護を優先すべき場合もあります。拉致・監禁されて吊るし上げられるような危険性を感じたら，何はともあれ（法律を度外視して），臨機応変に日本に帰国しましょう。

## ■賄　賂

　新興国ではまだまだ賄賂がはびこっています。とはいえ，「現地ではこれが当然だから」という甘い姿勢で臨むことは許されません。支払には領収書を要求するなど，すべて帳簿に残す等の慎重な処理をしてください。「領収書をもらえないお金は支払わない」ことを徹底しましょう（賄賂については第5章参照）。

## ■労　務

　新興国ではストライキが頻発します。ストライキは，「物価や他の企業の給料が上がっているのに，自分の給料が十分に上がらない」ことへの労働者の不満から生じます。そのため，人件費が年率で10％ほど上がっている国（例えば，インド，インドネシア，ベトナム）は，ストライキの発生率も高いです。

## ■法律と実務の乖離

　新興国では，そもそも法律が施行されないとか，通達が頻繁に変わる等の不安定さがあったりします。現地弁護士のレベルが低い場合も多いので，優秀な弁護士探しも海外法務担当者の1つの力量です。

◆新興国のリスク

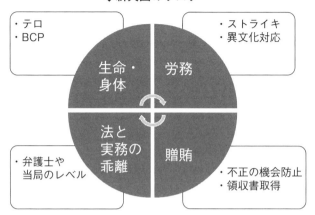

◆新興国リスクの具体例

　私が「新興国法務のリスク」を肌で感じた例を紹介します。

　タイの子会社を閉鎖する際，タイの現地法人社長（タイ人）と何度も打ち合わせをしていました。社長の言動に不信感を抱いたので，ある日，アポなしでタイ現地法人オフィスを訪問し，実際に社長の言うとおりのオペレーションが行われているかを（現地タイの取締役とともに）確認しに行きました。訪問の結果，社長の嘘が露見しました。

　しかし，翌朝，社長は意趣返しで「建造物侵入罪」を理由に私を被告訴人として警察に告訴しました。「現地法人取締役とともにアポなしでオフィスを訪問すること」が建造物侵入に該当するとは思えません。法的にきちんとしたことをしていても，恨みを買うと法的リスクを負ってしまう例といえます。

## 4　リスクベース・アプローチ

　海外ビジネスのリソース（人材・予算）は限られています。リスクベース・アプローチを用いて大胆に優先順位をつけましょう。

### ■大胆に優先順位をつける

　リスクベース・アプローチは，リスクに応じてどのような対応を取るべきかを，①リスクそれ自体の大きさ（リスク発覚の際の損害金額の多寡）と，②リスク発生の高さを勘案して，優先順位づけするというものです。リスク自体が大きく，かつ，リスク発生可能性が高い分野（アメリカにおけるカルテル等）にコストとリソースを大きく投入します。

　一方，リスクそれ自体も大きくなく，また，リスク発生の可能性が低い分野（シンガポールにおける労務問題等）については，思い切ってメリハリをつけて，コストやリソースをあえて投入しないようにします。

### ■リスクの大きさ

　どの国でも労務管理は問題になりますが，労務リスク（の大きさ）は，実はとても小さいです。労働関係で揉めても，労働者に多少の解決金を支払えば，早期に解決しうるからです（日本でも世界でも，6か月分くらいの給料をもらえば，労働者は裁判をせずに和解に応じることが多いです）。

　一方，贈賄では2020年にエアバスが4,000億円超，カルテルでは米国やEUで1,000億円級の被害を蒙っています（競争法自体ではGoogleが2018年に5,700億円の制裁金支払命令を受けました）。このように，贈賄やカルテルは，金銭的損害が数千億円に及ぶため，リスクそれ自体が大きいです。

### ■リスク発生の可能性

　例えば，タイの競争法は20年近く前からありましたが，その執行が始まったのはごく最近です。一方，インドネシアでは，年間数百件もカルテルの調査が行われています。このように，国によって執行の度合いが全く異なります。

　その他，外国公務員に対する贈賄よりも国内公務員に対する贈賄のほうが事例としては多い（第5章6参照）ですし，リニエンシー制度があればカル

テルのリスク発生が高まります（第6章⑦参照）。これらもリスク発生の可能性に影響します。

## ◆リスク評価マトリックス

| | | |
|---|---|---|
| 危険度2 | **危険度3** | **超危険** |
| 危険度1 | 危険度2 | 危険度3 |
| 安全 | 危険度1 | 危険度2 |

リスクの大きさ →

リスク発生の可能性 →

## ◆労務・贈賄・カルテルのリスク評価マトリックス分類

贈賄（インフラ）

カルテル

労務・贈賄（ファシリテーション・ペイメント）

リスクの大きさ →

リスク発生の可能性 →

# 5　事前の「デザイン」と「仕組み」づくり

　海外ビジネスでは，事前の「デザイン」（予防法務）を意識しましょう。事前に「デザイン」し，そのデザインを実現する「仕組み」を作るのがガバナンスです。ガバナンスの意義については第2章②で深堀りします。

## ■事前にデザイン ── 仕組み化を目指して

　実際のトラブル・紛争・不正事例を集めて，そこから帰納的に「このミスを発生させないためには，事前にどう予防すればいいのか」をデザインして，ミス防止のための「仕組み」を作ります。このためには，役員レベルや経営企画部（及び監査部門）との横串的で有機的な情報交換が必要です。

## ■現場のオペレーション ── 日本本社はお膳立てを

　現地法人が行う毎日のオペレーションには，朝，現地スタッフがきちんと来ているかという勤怠管理，スタッフの不平不満が溜まっていないか，現地の文化に応じた対応はどうすべきか，月次のキャッシュフローの確認等があります。

　現地法人の社長（現法社長）は，日本本社が想像する以上に雑多な業務に忙殺され，そのキャパシティは限界に来ていることが多いです。

　また，そもそもコンプライアンス関連の管理系業務を得意とする現法社長は極めて少なく，コンプライアンス関連のリテラシーは驚くほど低いこともあります。

　そのため，海外子会社管理の「デザイン」や「仕組みづくり」は，意識的・積極的に日本本社が「お膳立て」や親身なフォローをしてあげないといけません。現法社長に「後は任せた」では，現場は想定どおりに動きません。

## ■事後的なモニタリング ── 有機的な連携を

　監査役，内部監査部門や外部の専門家（弁護士等）は，トラブル発生後のモニタリングを行います。ここで大事なのは，この事後的なモニタリングで得た反省点を，有機的に他部署に展開し，一般化・敷衍化して誰もが守れる「仕組み」にして，事前のデザインや日々のオペレーションに落とし込むこ

とです。

　ここでは，会社全体の利益を考えて「反省点を事前のデザイン・ガバナンスにどうやって仕組み化するか」という鳥瞰的・総合的・戦略的な視点が必要です。

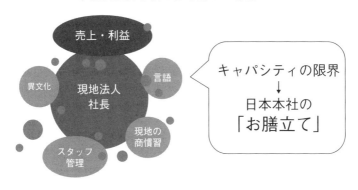

◆現法社長を取り巻く厳しい環境

売上・利益

異文化

現地法人
社長

言語

スタッフ
管理

現地の
商慣習

キャパシティの限界
↓
日本本社の
「お膳立て」

◆現法社長に「お膳立て」「サポート」を！

「守り」はできる限り日本本社で行い，現地法人には「攻め」に集中してもらう

デザイン　オペレーション　監査

事前　　　現場　　　事後

デザイン　オペレーション　監査

✓　事前に想像力を働かせて
✓　現法社長のキャパシティとリテラシーの限界を考えて，
　　一歩踏み込んだ「お膳立て」を
✓　それが「経営資源の効率的分配」（第3章4参照）
✓　第2線・第3線が有機的・横串的にサポート

# 6　進出形態に応じた「デザイン」と人材配置

　出資割合によって，海外ビジネスにおける人材配置をどう「デザイン」するかは大きく異なります。

## ■100％出資 ── 権限規程がすべて

　製造業などで多い100％（近い）出資では，現地の合弁パートナーに配慮する必要がないので，事前のデザインどおりのオペレーションができる人材を配置すれば足ります。

　逆に言えば，100％出資の海外ビジネスは，事前のデザインがすべてです。事前に，①どの程度の規模の取引には日本本社の承認が必要で，②どこまでが現地法人の取締役会で定められ，③どこまでを現地取締役が単独で行えるか，の権限規程を詳細に定めます。そして，その規程どおりの運用を本社が把握・コントロール（グリップ）します。

## ■マジョリティ出資 ── タフな高度人材を配置

　一番大変なのが，50～70％程度のマジョリティ出資をしている場合です。

　この場合，30～50％のマイナリティ出資をしている現地パートナーからの取締役もいるため，日々の折衝が必要となります。タフな交渉に耐え，語学力の高い高度人材が必要なのです。

　この場合に注意すべきは，日本の株式会社と異なり，海外の取締役にはその会社の代表権限があるということです。その意味で，「海外の平取締役は，日本の代表取締役」と考えていいでしょう。現地パートナー側の平取締役が，現地の取締役会の承認を得ずに，会社を代表して何でもできるようになっていないか，定款その他の権限規程を確認してください。海外の取締役の権限については第1章⑨参照。

## ■マイナリティ出資 ── そもそも何もできない

　この場合は，取締役会に役員を派遣していないでしょうし，法律的に，現地法人に対する権利をほとんど有していません。こちらができることは，現地法人の帳簿の閲覧程度です。

　そこで，マイナリティ出資の場合の事前のデザインとして重要になるのが，出資時（合弁契約作成時または定款作成時）に，少数株主としてどのような権利・拒否権を確保するかです。具体的には，デッドロック（株主総会で決議ができない状態）や会社の解散や増資などの特に重要な事項につき，事前に拒否権を確保できるかがポイントとなります。

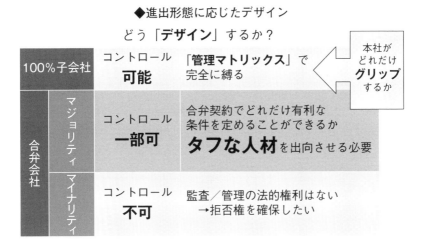

◆進出形態に応じたデザイン

どう「**デザイン**」するか？

| 100％子会社 | | コントロール**可能** | 「**管理マトリックス**」で完全に縛る | 本社がどれだけ**グリップ**するか |
| 合弁会社 | マジョリティ | コントロール**一部可** | 合弁契約でどれだけ有利な条件を定めることができるか **タフな人材**を出向させる必要 | |
| | マイナリティ | コントロール**不可** | 監査／管理の法的権利はない →拒否権を確保したい | |

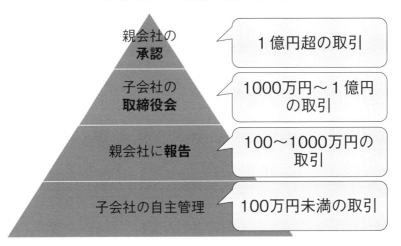

◆現地法人の取引額と権限規程の例

| 親会社の**承認** | １億円超の取引 |
| 子会社の**取締役会** | 1000万円〜１億円の取引 |
| 親会社に**報告** | 100〜1000万円の取引 |
| 子会社の自主管理 | 100万円未満の取引 |

## 7　情報収集＝リスク管理のためにも語学力を上げよう

　海外（外資系）企業と比べ，日本企業のグローバル・ガバナンス・コンプライアンスに対する意識は低いです。これは，端的に言うと日本人の英語能力が低いからです。語学力不足が原因で日本企業は情報不足に陥っています。

### ■平時の情報管理にも英語力

　英語ができれば，海外法務の一次情報を得ることができます。例えばアメリカのFCPA（腐敗防止法）に関するガイドラインのような「海外の法律のガイドライン」を英語で読もうとする日本人はほとんどいません。

　実際，2020年7月にFCPAガイドラインが改定されましたが，英語の原文を読んだ日本人はほとんどいないはずです。一次情報へアクセスができていないのです。この時点である意味，勝負に負けています。

### ■情報不足だからコンプライアンス意識が低下する

　コンプライアンス意識も，まずは知識からです。知識不足だとコンプライアンス意識も甘いままです。世界のコンプライアンス意識は年々高まっているのに，英語が不得手で情報不足のため，日本企業は世界情勢を遅れて入手しています。

　そのため，コンプライアンス意識が英語ネイティブに比べて低いままです。そこで，英語力を上げるか（一朝一夕にはできませんが），アンテナを立てて弁護士のセミナーを積極的に聴くなどして，意識的に情報収集に務める必要があります。

### ■有事のリスク対策にも語学力

　有事（トラブル発生時）にも語学力がモノをいいます。例えば，英文契約書を日本語に翻訳しても，どうしてもニュアンスが異なります。私の経験では，間違った和訳をされていない契約書を探すほうが難しいくらいです。その契約書を解釈する際，英語の原文のままで理解する日本人はとても少ないです。そのため，契約書の内容管理の段階でも語学力がモノを言います。

　このように，平時のコンプライアンス意識向上にも，有事のリスク管理にも語学力は欠かせません。語学力向上は一朝一夕にはできませんが，コストをかけてもかけすぎることはありません。

**◆語学力が不足すると，コンプライアンス意識の低下につながる**

人材不足　・大手商社でも

英語が苦手　・TOEFL100点はほしい

情報不足　・英語のガイドラインを英語で読んでいない

コンプライアンス意識低下

## 8　タフな交渉にも語学力

　合弁事業の相手方パートナーなどとタフな交渉をする場合や，海外で賄賂を要求されたような場合も，結局は，語学力が重要です。

### ■ハイレベルの語学力が必要

　通訳を介すれば，用が足りる軽いタスクもあります。しかし，英語ネイティブの相手方に中途半端に外国語でコミュニケーションをして，語学力で気後れしてしまうこともあります。英語力で「力負け」しないためには，最低でも，TOEFL100点＋海外駐在 1 年以上の実力は必要です。AI翻訳や通訳アプリを通じてのコミュニケーションでは，心や気脈までは通じません。英語は「大きく，はっきり，ゆっくり」話しましょう。

### ■度胸と経験も必要

　海外で賄賂等の不正な要求に遭った場合，「周りがみんな従っている雰囲気で，自分だけ拒絶する」ことには相当の勇気と度胸が必要です。海外ではどうしても「郷に入らば郷に従え」的な雰囲気に支配されるからです。周りに流されずに，大勢が参加する会議で，誰よりも大きな声で，その場を支配するような発言をする。それができる能力と勇気と経験は，海外ではさらにハードルが高いです。

### ■知識こそが力

　語学力や度胸も必要ですが，何と言っても大事なのは「知識」です。「この国ではここまでが適法で，ここからが違法」という確固たる知識があれば，不当で理不尽な要求に屈しないことができます。知識こそが力です。
　例えば，賄賂を要求された場合には，それが「適法なファシリテーション・ペイメント」なのか，「違法な賄賂」なのかを区別する必要があります。これは要するに知識です。賄賂の違法性の区別については第 5 章③を参照してください。

◆海外ビジネスの交渉を成功させるための3要素

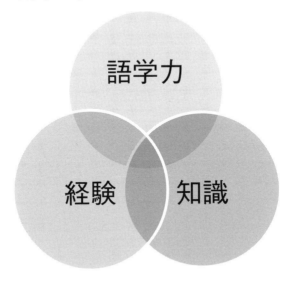

| 語学力 | ・英語ならTOEFL100<br>・海外赴任1年 |
| --- | --- |

| 経験 | ・海外赴任2年 |
| --- | --- |

| 知識 | ・定期的に法令UPDATE<br>・現地の法律事務所と顧問契約して |
| --- | --- |

## 9 デザイン法務の具体例①──海外のDirectorは平取締役ではない

　海外のデザイン（予防）法務の具体例として，現地役員を縛る権限規程が重要です。

### ■海外のDirectorは平取締役ではない

　日本の大企業も，海外では中小企業です。そこで，海外子会社・関連会社の取締役（Director）は，代表権のない平取締役ではなく，代表取締役である場合がほとんどです。日本の中小企業（取締役会非設置会社や有限会社）と同様です。

　海外の子会社で取締役が複数いる場合に，日本本社が過半数出資をして，現地のパートナー企業（少数株主）が取締役を１名だけ出しているケースを想定しましょう。その「現地からの１人だけの取締役」の権限は，日本から見ると「単なる平取締役」だから限定的な権限しかないと思いがちです。しかし，多くの場合，こういう取締役にも「社長」並の代表権限があります。

### ■権限規程は死活問題

　このような海外法人の取締役の暴走を防ぐために，各取締役，取締役会，社長がそれぞれ何ができ，何ができないのかを，しっかり書面で権限規程に落とし込み，それを実行することが必要です。例えば，１億円以上の取引の決済には本社の承認が必要で，1,000万円以上１億円未満だと現地の取締役会で決めて……などです。このような権限規程は，設立時に，合弁契約にあらかじめ織り込んでおきましょう。

### ■海外現地法人特有のリスク──役員へのガバナンス

　このように，海外拠点では，役員レベルの危機管理が重要です。ところが，海外拠点では，役員（取締役）が経験不十分の若手であることが多いです。海外拠点は「中小企業」特有の（トップに対する管理に重きを置いた）管理・ガバナンス体制になっているかを再確認しましょう。

　コロナ禍で出張による監視が効かないため，海外事業関連の不正は増えて

います。出張できないことを前提にしたガバナンス（現地役員を縛る仕組み）が必要です。

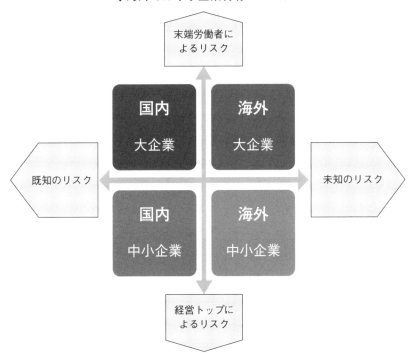

◆会社の代表権限

|  | 日本 | 海外 |
|---|---|---|
| Managing Director<br>（代表取締役・社長） | あり | あり |
| Director<br>（平取締役） | なし | **あり？** |

◆海外では中小企業特有のリスク

末端労働者に<br>よるリスク

| 国内<br>大企業 | 海外<br>大企業 |
|---|---|
| 国内<br>中小企業 | 海外<br>中小企業 |

既知のリスク　　　　　　　　　　未知のリスク

経営トップに<br>よるリスク

## 10　デザイン法務の具体例② ── 退職時の競業避止義務

　海外のデザイン法務（予防法務）のもう１つの例として，コモンロー諸国で特に問題となる退職時の競業避止義務の定めを挙げます。

### ■コモンローとシビルロー

　コモンロー（判例法）の国は，要するに旧英植民地です。世界で約17か国しかありません。それ以外の大半の国々は日本のようなシビルロー（大陸法）です。

　もっとも，「法律がないときに判例に従う」という思考法に違いはないので，両者には大差はありません。

### ■コモンローでは対価関係がなければ契約不成立

　とはいえ，コモンロー特有の契約成立ルールもあります。コモンローでは，シビルローと異なり，「対価関係（約因，consideration）がないと契約は成立しない」というルールがあります。ですから，一方当事者のみが義務を負う「一筆を書かせる」形式の誓約書・覚書は，コモンローでは契約として成立しません。片務的で対価関係がないからです。コモンロー諸国で一筆書かせて安心してはいけません。

### ■退職時の競業避止義務 ── 退職時の一筆では手遅れ

　このコモンローの特徴が現れる事例があります。コモンロー諸国（例えばシンガポール）の社員が退社する際，ライバル会社に転職してほしくないとします。その場合，単に退社時に「競合企業に行きません」という一筆を書かせても効果的ではありません。対価関係がないために契約としては成立しないからです。

　そこで，事前に，就業規則や雇用契約等で，退職時の競業避止義務について定めておくべきです。事前に定めておけば，給料を支払うという対価関係が発生するため，競業避止義務が契約の一部として成立します。

　このような，リスクを事前に摘む予防的な「デザイン」をすることを心がけましょう。

## ■海外の退職後の競業避止義務

　日本，タイ等では，退職後約2年の競業避止義務が判例上認められます。シンガポールでは国土が狭いからか，競業避止義務が認められる期間は判例上半年くらいとやや短いです。一方，インド，インドネシア，マレーシア，ベトナムでは，そもそも判例上も退職後の競業避止義務自体が認められていません。職業選択の自由をより優先しているからです。

### ◆コモンローとシビルローの違い

| 法体系 | 大陸法＝制定法＝シビルロー | 英米法＝判例法＝コモンロー |
|---|---|---|
| 共通点 | **まず法律**→次に判例という判断方法 | |
| 採用国 | **右欄以外すべて**（約170か国） | **旧英領諸国**10数か国（シンガポール，マレーシア，インド等） |
| 契約成立概念としての対価関係(consideration) | 不要 | **必要** |
| 片務的な契約 | 有効 | **無効** |

### ◆アジア主要国の退職後の競業避止義務

| 国 | 競業避止義務 |
|---|---|
| **インド，インドネシア，マレーシア，ベトナム** | **なし**（判例上認められない。職業選択の自由が優先） |
| シンガポール | 6か月 |
| フィリピン，タイ，ミャンマー，中国，日本 | 〜2年 |

## 11　現地と日本の距離感

　日本から海外拠点を管理する際，現地スタッフのプライドに配慮しましょう。

### ■OKY・OKO

　現地法人社長の多くは，営業畑・技術畑出身で「売上に貢献して数字と戦ってきた」プライドがあります。数字と闘っていない日本の管理部・間接部門は下に見られがちです。そのため，現地から見ると，日本の管理部からの連絡も「何だ，数字と戦っていない奴らが上から目線で偉そうに連絡をよこしやがって」というやっかみで受け止められやすいです。

　そんな本社と現場の感覚の違いから，日本管理部が「OKY（お前ここに来てやってみろ）」「OKO」（お前もここにおったやろ）」などと現地から揶揄されることもあります。

　そのため，コンプライアンス事項を的確に伝え，理解させ，実行に移すために，「何を（What）」伝えるかだけではなく，現法社長のプライドにも留意して「だれが（Who）」「どうやって（How）」伝えるかを慎重に検討しましょう。

### ■だれが伝えるか（Who）

　法務・コンプライアンス的な事項を現地に誰が伝えるかには，大きく分けて2通りがあります。

⑴　管理部直通

　まず，管理部が直接伝える場合，日頃連絡をしない管理部から直接的に海外の現地に連絡しますから，「OKY／OKO」というやっかみ・ハードル・感情的なしこりが生じ，日本からの連絡が軽視されるおそれがあります。

⑵　事業部直通

　一方，現地と日頃から（少なくとも月次で）連絡を取っている日本の業務部・事業部が現地と連絡する場合，気安さ・気心が知れた間柄同士の連絡というメリットはあります。

　しかし，コンプライアンス関連事項は，管理部（法務部・コンプライアン

ス部）→事業部→海外という間接的な段階を経ます。事業部の人は「横から」来た情報を海外に転送するため，対象事項に当事者意識を持てず，使命感・責任感・情熱が薄れた連絡になりがちです。

　上記のように両者とも一長一短であり，法務・コンプライアンス事項を「だれが」伝えるかには正解はありません。それぞれのデメリットを認識しつつ慎重に行いましょう（What, Howについては第3章⑤を参照）。

◆現地と日本の「距離感」

本社管理部「エリート」の「上から目線」？

リテラシー ギャップ

数字と聞ってきた

「叩き上げ」現地法人社長のプライド・やっかみ

◆現地法人社長の本音

O　お前が
K　ここに来て
Y　やってみろ！

◆法務・コンプライアンス事項の現地への伝え方は2通り

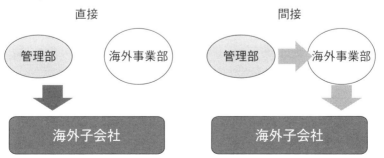

# 第2章

# グローバル・
ガバナンス・
コンプライアンス

# 1 グローバルなガバナンス・コンプライアンスの必要

　海外ビジネスでは，ガバナンスやコンプライアンスを事前にデザインしておく必要性が高いです。なぜでしょうか。

## ■裁判の限界

### (1)　日本の裁判は国境を越えない

　日本の裁判の信頼性は高いため，我々は「いざとなったら裁判で解決」という選択肢をすぐ思い浮かべます。海外ではこれは通用しません。国際ビジネスは基本的に裁判では解決できません。日本の判決は，原則として海外では執行できないからです。例えば，東京地方裁判所で勝訴判決を取っても，敗訴した相手方が判決金額を支払わない場合，通常は相手方の国にある相手方資産に執行できません。

　つまり，日本の判決は海外では「紙切れ」同然です。国際契約で合意管轄を日本の裁判所とすることは実はとても危険なのです。

　例外的に，先進国同士にはお互いに判決を執行しましょうという合意（相互主義）があります。例えば，アメリカやシンガポールと日本には相互主義があります。しかし，中国や韓国と日本の間には相互主義はありません。

### (2)　相手国の裁判もリスクが高い

　日本ではなく相手国で裁判をしても，賄賂等で現地国の相手方が有利になることもあります。また，相手国の言語に翻訳・通訳するコストとストレスもとても大きいです。

## ■仲裁の限界 ── コストが高い

　このような裁判のリスクを回避するため，仲裁を用いる方法もあります。しかし，1,000万円程度の高額な仲裁人報酬を当事者が負担しなければならないため，仲裁に適するのは係争対象が1億円以上の大規模事件のみです。

　また，仲裁人報酬のみならず，自社の弁護士に支払う弁護士費用も別途必要です。海外の弁護士の報酬は日本人弁護士よりかなり高額です。

## ■紛争に頼らない事前のデザインがより重要

(1) ガバナンスの必要性

　上記のように，裁判も仲裁も，現状では国際紛争の解決として完全ではありません。そのため，国際ビジネスではなるべく紛争にならないような事前のガバナンス（デザイン，仕組みづくり）やコンプライアンス態勢整備がより重要となるのです。

(2) 社長の当事者意識が大事

　グローバル・ガバナンス・コンプライアンスが進まない原因は予算の限界であることが多く，これは社長の責任です。社長が「日本本社の社長」という意識で海外事業を人任せにするのではなく，「グローバル本社の社長」としてグローバル・ガバナンス・コンプライアンスを「自分ごと」として捉え，予算を割いてください。

### ◆国際紛争解決手段（裁判・仲裁）の限界

```
                    国際紛争
        ┌──────────────┴──────────────┐
      裁判                          仲裁
   ┌────┴────┐                  ┌────┴────┐
日本で裁判  相手国で裁判       コストが高い  上訴できない
   │        │
相手国で   汚職リスクや
執行できない 言語の壁
```

## 2　ガバナンスとは

　コロナが原因で海外往査ができないため，海外事業の不正が増えています。そのため海外事業ガバナンスの必要性は高まっています。

### ■ガバナンスの意義

　ガバナンスの意義は誤解されがちですが，端的には「社長（権力者）を縛る仕組み」です。社長が会社を縛る（統制する）のは「内部統制」であってガバナンスではありません。ガバナンスは「社長が悪いことをしないことへの牽制」ですから，社長には耳の痛いことです。

### ■ガバナンスは性悪説

　ガバナンスは，「社長が悪いことをするおそれがあるから全面的には信頼しない」という性悪説を前提にします。どんなに立派な社長でも，長く権力を持つと腐敗・堕落するおそれがあります。絶対的な権力は絶対的に腐敗します。日産のゴーン元会長の不祥事がいい例です。

　万一，社長が悪いことをしようとしてもそれができない「仕組み」を作る。社長の人格や信頼性という属人的な要素に依存しない。これがガバナンスです。

　例えば，海外事業ガバナンスが現地の「人任せ」にならないようにするために，「現法社長に病気や事故が発生した場合，日本本社で何ができ，何ができないか」を確認してみてください。海外拠点の定款や現地会社法等の基本情報につき，日本本社でも一元的な管理・把握ができていなければ，十分なガバナンスが効いていません。

### ■憲法との類似

　このガバナンスの意味は，法律と憲法の違いに似ています。法律は，政治家が制定して国民を縛ります。一方，憲法は，国家（終局的にはそれを定めた国民）が政治家を縛るものです。

　このように，憲法と法律は，「政治家が縛られるのか／縛るのか」という点で，逆方向に作用します。これは，社長が株主に「縛られる」ガバナンスと社長が社員を「縛る」内部統制の違いと同じです。

■コンプライアンスとガバナンスの違い

　このガバナンスの理解は「コロンブス・モデル」でも説明できます。コロンブスは，スペイン国王から支援・委託され，新大陸発見の旅に出ました。その目的達成のため，船長は船員を雇って命令します。会社（社長）の社員統制が株主からの委託に基づいている点は，コロンブスの船員に対する命令がスペイン国王の委託に基づくことに類似します。

　なお，このガバナンスと内部統制を合わせて「コンプライアンス」と呼びます。

◆社長とコロンブス，政治家には共通点アリ

| コロンブスモデル | ガバナンス | 憲法と法律 |
|---|---|---|
| スペイン国王 | 株主 | 国家 |
| ↓ 委託 | ↓ ガバナンス | ↓ 憲法 |
| コロンブス | 社長 | 政治家 |
| ↓ 命令 | ↓ 内部統制 | ↓ 法律 |
| 船員 | 従業員 | 国民 |

## 3　コンプライアンスとは

　コンプライアンスの意義は年々進化しています。しっかりアップデートしましょう。

### ■コンプライアンスの高まりは時代の要請

　コンプライアンスは，当初は単なる①「法令遵守」と理解されていましたが，そのうち②「企業倫理」を含むようになり，さらに③「社会からの要請に対する適切な対応」を含み，さらには④「日常業務に潜むリスクを感知して対応するリスク管理力」とまで拡大する考えもあります（こう解釈するとリスクマネジメントと同義になります）。最近は，SDGsやESG，脱炭素の要請にまで応える必要があります。

　このようなコンプライアンスの拡大は息苦しくも感じられますが，資本主義の発展からやむを得ません。会社価値を毀損させないための投資家保護の要請が高まっているからです。21世紀初頭の米国エンロンショックから続く，株主保護の流れの一環なのです。

### ■全員が風紀委員！

　このコンプライアンスの要請の高まりは風紀委員に例えられます。昔の昭和的・牧歌的な時代は，風紀委員（コンプライアンス部・法務部＝第二線）だけが風紀・コンプライアンスを司っていました。

　一方，今は，コンプライアンス部のみならず，現場の事業部（第一線）を含めた「全員が風紀委員となる」ことが要求されます。しかも，コロナ・テレワーク時代には第一線の危機管理はより重要です（第2章⑩参照）。

### ■「コンプライアンス・リスク」という言葉は禁句

　このようなコンプライアンスの変遷に鑑みると，特に世間の風当たりが強い大手企業では，コンプライアンスはオール・オア・ナッシングつまり「やっているか／やっていないか」です。コンプライアンスができていないと即ブラック企業として非難されます。

　そのため「コンプライアンス・リスク」という言葉は禁句にすべきでしょ

う。「不正リスク」という概念はあるとしても，コンプライアンス・リスクという言葉に甘えてはいけません。やるかやらないかであって，リスク云々の話ではないからです。

◆時とともにコンプライアンスの意義は拡大（①＋②＋③＋④）

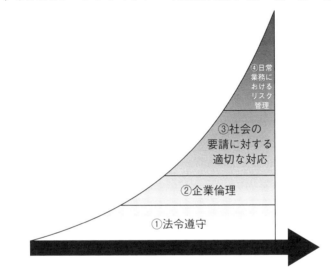

◆「コンプライアンス・リスク」という言葉は禁句

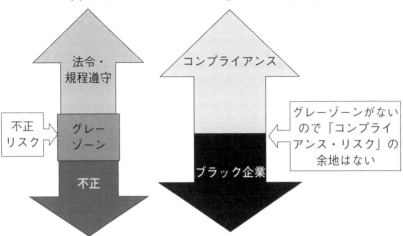

## 4　グローバル・ガバナンスの危機

　ガバナンスとコンプライアンスの重要性を比べると，ガバナンスのほうが重要です。海外ビジネス特有のガバナンスの危機は，「余人をもって代えがたい」人材に依存してしまうことです。

### ■ガバナンスないところにコンプライアンスはない

　なぜコンプライアンスよりも，内部統制よりも，ガバナンスが重要かというと，魚は頭から腐るからです。会社においては，社長の姿勢が最も大事で，社長が堕落していると社員はもっと堕落します。社長の姿勢を縛るのがガバナンスです。ですから，「ガバナンスないところにコンプライアンスはない」といえます。インドネシアには「上司が立ち小便すると，部下は走り小便する」ということわざがありますが，これを表しています。

### ■ガバナンス不足がコンプライアンスを阻害する

　どんなに社員が頑張ってコンプライアンスを導入しようとしても，担当役員と社長が同じ派閥のツーカーだから上に話が通じないなどの「派閥の論理」にコンプライアンスが阻まれることがあります。これはコンプライアンスではなくて，ガバナンスの次元の問題です。属人的なしがらみやウェットな人間関係に依存せず，コンプライアンスが阻まれないようにする，それがガバナンスです。

　こう考えると，ガバナンスが「仕組みづくり」であり，コンプライアンスや内部統制はその「仕組みの運用」ともいえます。

　ガバナンスに対処するには，会社の組織構造・設計（社外役員を導入したり，監査役設置会社や委員会設置会社にしたりするなど）から変える必要があります。時には定款変更まで必要な大掛かりな話です。

### ■グローバル・ガバナンスの危機

　日系企業の海外ビジネスは構造的に人材不足です。財閥系商社でさえ海外人材の払底に腐心しています。これは英語というハードルがあるからです。そのため，海外赴任が長い経験者が「余人をもって代えがたい」貴重な人材

になることがあります。これはガバナンスの危機です。

　性悪説に立ち，個人の資質・能力に依存せず，権力者を縛る仕組みを作るのがガバナンスです。余人をもって代えがたいという属人的な要素に依存するのは，その仕組みができていないからであり，ガバナンスが効いていないことの裏返しです。

◆ガバナンスは仕組みづくり，内部統制はその運用

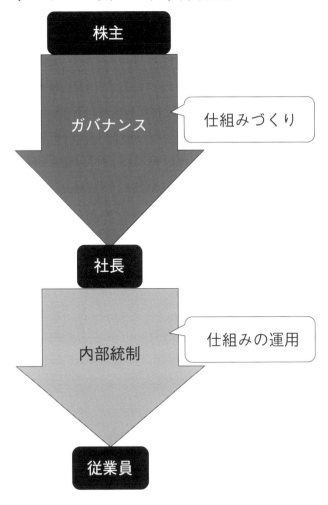

# 5　コンプライアンスの「三種の神器」

　ここでは，コンプライアンスの三種の神器である①不正のトライアングル，②ヒヤリ・ハット（ハインリッヒ）の法則，③割れ窓理論について説明します。

## ■不正のトライアングル

　不正防止は，以下の3要素を失くすことを目指します。

(1)　不正の機会

　例えば，会社のお金を1人で動かせる状態を放置せず，複数人の目（Four Eyes Principle）でダブルチェックをすることが必要です（第2章⑥参照）。

(2)　プレッシャー

　「今期中に売上●●円絶対達成！」などの目標未達の場合に，無理して達成しようとして袖の下（賄賂）を渡してしまうのが典型的な贈賄事案です。目標達成（贈賄の誘惑）とコンプライアンス遵守とで板挟みの関係になります。そこで，絶対に汚職をしないことを条件にして売上目標を提示するという「留保付き」の達成目標を与えれば，不当なプレッシャーが与えられず，現場は板挟みの関係になりません。

(3)　正当化

　新興国では賄賂は当然だからとか，周りがやっているからなどの言い訳で正当化しないようにしましょう。

## ■ヒヤリ・ハット（ハインリッヒ）の法則

　1件の飛行機事故には，29件の軽微な事故があり，300件の「ヒヤリ・ハット」事例があるというのがこの法則です。日本的なカビ（不作為）型の不正類型（第2章⑦参照）では，日々の違和感の放置が不正に繋がります。「1つの不正には，300件の違和感がある」と応用して，日頃からの違和感の解消に努めてください。

　日頃から社内で闊達なコミュニケーションが取れていないと，不正が起こった場合に，「あいつとの連絡はストレスだから，会って話さずにメールで簡単にごまかしておこう」などの「逃げ」のコミュニケーションが発生します。平時のコミュニケーションが取れないと有事のコミュニケーションも

取れません。ですから，平時から違和感のないコミュニケーションを取れる
状態にしておく「仕組み」を作ることが重要です。

■割れ窓理論
　窓が1つ割れているだけで，「汚い廃墟ビルだな」と思われ，他の窓もど
んどん割られて犯罪の巣窟となりうることから，どんな細かい不正でも許さ
れないというのが，この理論です。
　これは「ゼロ・トレランス（撲滅）」という言葉でも表現できます。

◆コンプライアンスの「三種の神器」

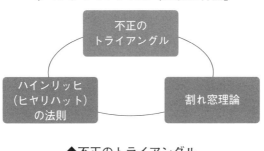

◆不正のトライアングル

◆ヒヤリハットの法則と違和感共有の重要性

## 6　Four Eyes Principle（四つ目の原則）

　不正のトライアングルの一角は不正の「機会」です。この機会を与えないための工夫としてFour Eyes Principle（四つ目の原則）が大事です。人間の目は2つなので，複数人で不正の機会をチェックしましょうということです。Four Eyesの作り方には以下の3通りがあります。

### ■タテのFour Eyes

　部下の書類を上司がチェックします。上司の書面を部下がチェックする機会があれば，なおよいです。

### ■ヨコのFour Eyes

　ヨコのFour Eyesは，要するに権限分掌（職務分離）です。例えば，京セラでは，昔から，金庫の鍵を管理する人と，金庫室の部屋の鍵を管理する人を別々にしていました。

　営業をする人，見積りを出す人，請求書を送る人，売上を回収する人，売上をシステムに入力する人，帳簿に記入する人，それらを監査する人……が1人であれば，売上を粉飾する十分な機会が与えられてしまっています。そこで，これらの担当職務を分けて複数人に分担させましょう。

### ■時間のFour Eyes

　タテのFour EyesやヨコのFour Eyesを作るには，ある程度の人員が必要です。しかし海外事業ではなかなか人が足りません。そこで，海外子会社管理では時間のFour Eyesが重要です。時間をずらして Four Eyesを作るやり方です。

　例えば，①海外に赴任している日本人を，盆暮れには日本に休暇で帰国させ，その間に，現地でその担当者のメールやアカウントなどをチェックしたり，②ジョブローテーションを適当な間隔で回したりする（例えば，5年程度で異動させる）のも，時間的な Four Eyesといえます。

## ◆Four Eyesの作り方

タテのFour Eyes

ヨコのFour Eyes

時間のFour Eyes

# 7　コンプライアンス違反・不正の２類型

　コンプライアンス違反や不正は，虫型（作為型）とカビ型（不作為型）の２つに類型化できます。日本ではカビ型が多いです。

## ■虫（作為）型

　個人的な利益のために，会社の利益に反して作為的な不正を行う場合です。会社資産の横領や窃盗がよい例です。会社の中にけしからぬ異分子がいるので「虫」型と呼びます。

## ■カビ（不作為）型

　同調圧力の強い日本では，種々のしがらみや派閥への忖度から，会社の利益のために，ごまかしたり，見て見ぬ振りをしたりする不作為型の不正が多いです。こうした不正は会社（部署）全体で因習的・集団的に行われるので「カビ型」と呼びます。この類型は，発見が容易ではなく，損害額が天文学的に高くなりやすいです。

## ■カビ（不作為）型への対処

　カビ型の不正への対処はどうしたらよいでしょうか。

(1)　企業風土の醸成

　「忖度してモノが言えない風土」ではなく，気になったら（引っかかりやモヤモヤ，違和感を覚えたら）勇気を出してモノがいえる組織文化にしなければいけません。部下が上司にモノを言っても，怒鳴られない，左遷させられない，干されない，クビにならない，という心理的安定性も重要です。

　こう考えると，コンプライアンスは，企業文化，風土，社風，DNAとほぼ同義といえます。

(2)　カジュアルなコミュニケーション

　日々の工夫としては，カジュアルな会話（「おはよう」「今日は天気がいいね」「週末はどうでした？」などのsmall talk）を重ねる工夫をしましょう。平時のコミュニケーションが取れないと，有事のコミュニケーションも取れないからです。

　極論すると，「オアシス」（オはよう，アりがとう，シつれいします，スみません）がない企業には真のコンプライアンスは根付きません。いざというときに「逃げ」（責任転嫁）のコミュニケーションになるからです。

　コロナ禍でカジュアルなコミュニケーションはさらに困難になっていますが，「良い公私混同」をすることを工夫して仕組み化してください。

### ◆コンプライアンス違反の2類型

| | 作為型 | 不作為型 |
|---|---|---|
| タイプ | 虫 | カビ |
| 特徴 | 単発的 | 恒常的 |
| 実行犯 | 単独犯・個人的 | 集団犯・組織的 |
| 形態 | 盗む | ごまかす |
| 誰の利益 | 自己のため | 会社のため |
| 誰を裏切る | 会社 | 社会 |
| 主因 | 不平不満・反倫理 | 同調圧力・忖度 |
| 損害 | 小 | 大 |
| 具体例 | 窃盗，横領，情報漏洩，キックバック，ハラスメント，残業代不正計上 | 贈賄，カルテル，粉飾決算，データ偽装，サービス残業 |
| 対策 | 北風 | 太陽 |
| | 殺虫剤 | 風通しを良く |
| | 意識改革 | 風土改革 |
| | 厳しい罰則 | 日頃からのコミュニケーション |
| | 〜するな | 〜しよう |

# 8　コンプライアンスとコミュニケーション

コンプライアンスは，結局はコミュニケーションの問題といえます。

## ■動的なコンプライアンス「態勢」── コミュニケーションの重要性

ガバナンス・コンプライアンス体制を法的・組織的に整えても，それをどのように実行に移すのかは別問題です。静的なガバナンス・コンプライアンス「体制」を整えていても，それを実行に移す動的な「態勢」が整っていないと意味がありません。多くの会社もハード的な「体制」よりソフト的な「態勢」という漢字を用いています。

違和感を放置する組織の風通しの悪さは，端的にはコミュニケーション不足が原因です。会社はコミュニケーションのネットワークです。ガバナンス・コンプライアンスも，結局はコミュニケーションの問題です。制度を生かすも殺すもコミュニケーション次第です。

## ■活きたコンプライアンス（戦うコンプライアンス）

真のコンプライアンスは，体制として定めるだけではなく，日々のコミュニケーションの中で創り出すものです。コンプライアンスを活きたものにするためには，逃げたい・ごまかしたい弱い気持ちと「戦う」強い意志が必要です。

## ■役員レベルからの有機的連携が必要

「仕事を増やしたい」というメンタリティを持つ自営業と対比すると，会社員の特徴は「仕事を増やしたくない」ことにあります。「波風を立てたくない」「出る杭は打たれる」「触らぬ神に祟りなし」「知らぬが仏」「君子危うきに近寄らず」「臭いものに蓋」「見て見ぬふり」……これらの逃げのメンタリティから，言われたことだけをやっていればいいというセクショナリズム（部分最適）に安住しがちです。

そこで，全体最適の視点からの真のコンプライアンス・コミュニケーション改革のために，社長・役員レベルが号令を出して横串的・有機的に連携する必要があります。このように役員レベルを説得するために，部長以下の社

員が上司へプレゼンする能力も必要です。

## ◆活きたコンプライアンス（戦うコンプライアンス）

| 現　状 | 理　想 |
| --- | --- |
| 体制 | 態勢 |
| ハード面 | ソフト面 |
| 組織 | 人 |
| 静的 | 動的 |
| 受動的 | 能動的 |
| 傍観者的態度 | 一人称で「自分ごと」として考える |
| 当事者意識／責任感／リーダーシップの欠如 | "強い当事者意識／責任感／リーダーシップ" |
| 部分（自分）最適 | 全体最適 |
| 保身／自分のため | 会社（株主）のため |
| 会社への愛着・帰属意識が低い | 会社への愛着・帰属意識が高い |
| 恥 | 罪 |
| 違和感の放置 | 違和感の共有 |
| 逃げる | 逃げない |
| 君子は危うきに近寄らず | 義を見て為さざるは勇なきなり |
| 見て見ぬ振り／知らぬが仏／トラブルに巻き込まれたくない／触らぬ神に祟りなし／仕事を増やしたくない／臭いものに蓋／出る杭にならない／波風を立てない／先送り／忖度 | 乃公出でずんばの気概／一歩踏み出す勇気／嫌われる勇気／空気を読まない |
| セクショナリズム／相互不可侵条約／縦割りの弊害／与えられた枠・役割に盲従・安住／言われたことだけをやる | セクショナリズムに安住しない／与えられた枠・役割を破る／言われたことだけではなく期待されたことまでやる |

活きたコンプライアンスにするためには,
日々のコミュニケーションの中で戦う！

# 9　エンゲージメント

　コンプライアンスは，企業文化や社風のようなソフト面に結局は行き着きます。コロナ禍でエンゲージメント（会社に対する自発的な貢献意欲）が低くなっていますが，エンゲージメントが低くなるとコンプライアンスの危機にもなります。

## ■会社員としての誇り

　不正や危機に直面した役員・従業員が，真に会社や株主のために，内部告発等の勇気ある手段をとるか，保身やしがらみや忖度から，「逃げ」「先送り」「隠蔽」をするか。この場面では，各人の責任感・倫理観が問われます。

　良い社風・理念が浸透している会社では，各スタッフが良き誇りを持っています。「当社の▲▲イズムに反する」「当社の●●WAYに合致しない」「創業の精神に悖る」などの価値観です。いざという場合に，社風や会社理念に対する「誇り」がモノを言います。

## ■会社理念とコンプライアンスを近づける

　会社理念や売上目標とコンプライアンスが乖離していると，社員はコンプライアンス遵守のモチベーションが下がります。会社目標を実現するためにコンプライアンスが邪魔・ブレーキになってはいけません。

　会社目標を達成するためにはコンプライアンスが不可欠であるというように，会社理念とコンプライアンスを近づける必要があります。管理部や部長は，これらを自分の言葉で咀嚼したりしてシンプルにしつこく（耳にタコができるほど）伝える必要があります。

## ■エンゲージメント

　しっかり当事者意識をもって会社理念を実現するためには，責任感を持って会社目標にコミット（誓約）することが必要です。強権的な指導がパワハラとなり，副業や転職が容易になっている昨今では，そのためには，個人の人生の価値観を会社に合わせ，エンゲージメントを高める必要があります。

　人生の目標と会社目標が乖離しては，会社目標に当事者意識を持つことが

できませんし，会社理念へのコミットもできません。そのため，スタッフ個々人の人生観を丁寧にフォローする必要もあります。コンプライアンス研修を弁護士ではなく産業医が行うようになっていることはその流れです。

◆コンプライアンスはどこにある？

# 各社員の心の中！

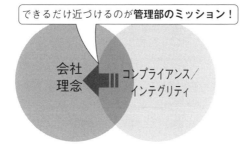

> コンプライアンスと，
> **企業文化／社風／ DNA ／カルチャー**は同義！

> コンプラを「〜イズム」「〜 WAY」「〜スピリット」
> にまで落とし込む！

◆会社理念との関係が重要

できるだけ近づけるのが**管理部のミッション！**

会社
理念

コンプライアンス／
インテグリティ

◆会社と個人のバランス

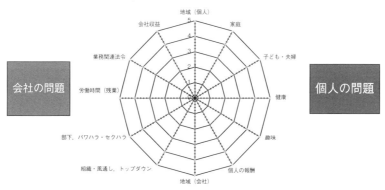

会社の問題

個人の問題

## 10　Withコロナのコンプライアンス

コロナ禍のコンプライアンスでは，以下の4つの変化を意識しましょう。

### ■第1線のディフェンスライン

管理部（法務部，第2線）や内部監査部（第3線）が事後的にチェックするのではなく，現場（事業部，第1線）が，不正を水際で阻止することがより重要です。

テレワークで働くと，見えないところでの不正やごまかしが容易になります。そのすべてを第2線・第3線がチェックできません。第1線の各人の倫理観をより強く機能させ，水際で不正を防止することがより重要です。

### ■自律的なインテグリティ（integrity：誠実さ）

与えられたルールを守るというコンプライアンス的な考え方よりも，（新しい事象，ルールのない事態に対して）各自が自主的・自律的に判断するというインテグリティ的な考え方が重要になってきました。「恥」をかかなければいい（見られていないから甘える）のではなく，「罪」の概念を感じて誰も見ていなくてもしっかりやるのがインテグリティです。このような第1線の倫理観・良心が強く問われるようになりました。

### ■属人的な信頼関係→有機的な仕組み

会社のオフィス内でのFace to Faceのコミュニケーションや属人的な信頼関係に依存するのではなく，顔が見えなくても適切に機能する「仕組み」がより必要になりました。例えば，テレワーク下の勤怠管理を，Four Eyes Principleを取り入れて仕組み化するなどです（第2章6）。

また，第1線の個々人の資質・能力に依存せず，第2線や第3線と有機的に連携して総合的な仕組みを構築する必要があります。

### ■通常ライン→内部通報制度

テレワークで日常のコミュニケーションの絶対量は減ります。この場合，通常ラインでの不正発見はより難しくなります。そこで，代替手段として，

内部通報制度をより充実させ，より利用しやすくする必要があります。

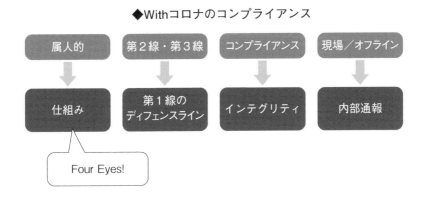

◆Withコロナのコンプライアンス

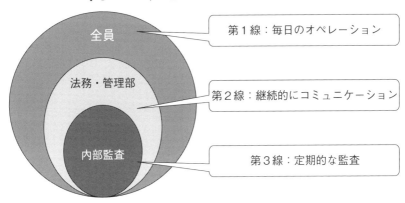

◆3つのディフェンスラインで不正を防ぐ

# 11　ISO31022をどう活かすか

　2020年5月に，リーガルリスクマネジメントの国際規格ISO31022が発行されました。法的リスク管理を標準化するためのガイドラインであるISO31022の存在意義は何でしょうか。

## ■ISO31022の位置づけ
　ISO31022は，以下の2つの視点から捉えましょう。

(1)　世界的な潮流
　「ハードロー」としての法律のみならず，その上を行く高次の規範の「ソフトロー」を守るべき要請が高まっています。ESG，SDGs，サステナビリティ，脱炭素もこの流れです。
　そして，全世界的に適用される「フレーム（枠組み，仕組み，土台，オペレーションシステム）」の構築は，会計の分野で国際会計事務所が主導してきましたが，法律の分野にも及んできました。

(2)　グローバル本社として共通言語を設定する
　日本本社の日本風のガバナンス・コンプライアンス規程を海外に単にカスタマイズするだけでは不都合があります。いつまでも「日本本社」なのではなく，「グローバル本社」になるという意識が必要です。
　そこで，管理すべき「リスク」とは何なのかについて，グローバル全社の共通言語（フレーム）を作り，目線を合わせる必要があります。そのためのツールがISO31022です。

## ■ISO31022の利用方法
　ISO31022の効果的な利用方法は，以下のとおりです。

(1)　演繹的のみならず帰納的な思考
　単にISO31022をそのまま受け売りで（演繹的に）全社に展開することは，空理空論の上滑りになるため，お勧めできません。
　海外子会社から集まるコンプライアンス関連情報を前提に，どのようにISO31022をカスタマイズすべきかを帰納的に考えましょう。ISO31022は「自社に合った全社的なフレームは何か」を探すきっかけにすぎません。

(2) What よりも How

ISO31022（ないしはそれをカスタマイズしたフレーム）をどう「実装」するかは，具体的な個別の「How」の話です。ISO31022の文言が云々という「What」の話ではありません。「仕組みを作って魂入れず」で終わらないために，自前のフレームを共通言語として絶えず話題にしましょう。

「ISO31022に利用される」のではなく，ISO31022を主体的に使い倒すくらいの気概で利用しましょう。

## ◆ISO31022との付き合い方

| ハードロー | ソフトロー |
| --- | --- |

| 日本本社 | グローバル本社 |
| --- | --- |

全世界的に適用される
「フレーム（枠組み，仕組み，メカニズム，システム，共通言語)」
の必要

ISO31022をどうカスタマイズするか？

カスタマイズした「フレーム（枠組み，共通言語)」をどうやって
浸透（実装）するか？

## 第3章

# 海外子会社の
# 具体的管理

## 1　海外事業「管理」の多様な意味

　海外事業「管理」には多様な意味があります。コンプライアンスの「体制（態勢）」管理のみならず，長期的な「人」の管理も大事です。

### ■数字的な管理のみでは不十分

　海外子会社管理では，数値的・財務的な売上・利益の管理に終止している日本企業がほとんどです。

　しかし，グローバル化の進展に伴い，競争法，米国の腐敗防止法（FCPA）やEUの個人情報保護（GDPR）など，世界的に適用される法律も増えており，罰則や執行も強化されています。エアバスがFCPA（米国腐敗防止法）で4,000億円，カルテルでもダイムラー等が1,000億円クラスの被害を蒙っています。財務的な管理のみならず，「法律的・コンプライアンス的な管理」も重要かつ不可欠です。

　さらに，海外の法律を法的に管理できる人材が足りているかという人材戦略的な「人の管理」も必要です。

### ■売上目標から逆算された海外人材戦略 ── 定量的な評価を

　海外事業の売上目標は立てていても，それを支える具体的な人材戦略がなければ絵に描いた餅です。長期的な視点に立ち，海外人材（現法社長や現地マネージャー）の育成をしましょう。

　具体的には，「あいつは英語ができる」等の定性的な評価ではない，5段階数値評価のような「定量的」な人事考査をしましょう。例えば，①語学力，②現地文化への理解，③コミュニケーション力，④リーダーシップ，⑤KPI達成度，⑥部下の育成などの指標ごとに，数値（数段階のランクを付けて）で評価します。

　海外事業は，より積極的かつ戦略的に日本本社で「管理」「グリップ」すべきであり，海外現法社長に「依存」してしまってはいけません。単なる売上・利益の「管理」のみに終始するのではなく，コンプライアンスや人材育成という見地からも，適切な「管理」をすることが必要です。

◆海外事業の多様な「管理」

◆売上目標から逆算した人材戦略

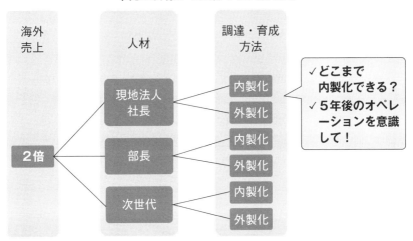

# 2　海外子会社管理の理想と現実

　海外子会社管理の理想と現実には，以下の乖離があります。

## ■海外子会社管理の理想——上意下達

　親会社の意向がそのまま子会社の末端社員まで浸透する「上意下達」が理想ですが，実際はそんな理想的な企業はありません。

　子会社の末端社員は，英語ネイティブではない国では英語は話せないため，コミュニケーション障壁が大きいです。

　また，多くのアジア諸国では末端社員の月給は 1 万円程度のため，知的素養・リテラシーにも限りがあります。

## ■現実 1 —— 現法社長の王様化

　多くの子会社では，現地法人社長が本社の言うことを聞かず，現地でやりたい放題の「王様化」しています。現地では，メイド付き，運転手付き，秘書付き……のハーレムのような生活を送る社長のプライドだけが肥大して，親会社の言うことを素直に聞かなくなります。日本から赴任の際に超える日付変更線をもじって「態度変更線」と揶揄されたりします。現地で作った愛人の親族の会社にこっそりリベート・キックバックするのが最悪のケースです。「余人をもって代えがたい」有能な人材ほど王様化しやすいです。

　そこで，王様化する前に，5 年程度で社長を交代したいです。ただ，人材不足の企業では「5 年でローテーションできる人材」がいないという人的資源の問題もあります。人事戦略も並行して進めましょう。

## ■現実 2 —— 現地スタッフはすぐ辞める

　現地スタッフの勤続年数は平均 3 年程度で，離職率が高いです。離職率を下げるため，「現地スタッフは，どれだけ頑張っても取締役になれない」ような不文律（ガラスの天井）を廃止することも必要です。

　優秀なスタッフを，日本本社での研修という名目で日本に連れてくるという「ニンジン」をぶら下げて，愛社精神を植え付けるという工夫もあります（コロナ禍の現在は難しいですが）。現地スタッフの給料水準では日本への旅

行は夢のまた夢なので，愛社精神が高まったりします。

### ◆海外子会社管理の理想と現実

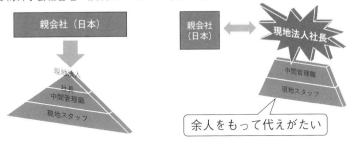

理想的な海外子会社管理 —現地子会社への上意下達　　現実の海外子会社管理 —現地法人社長の「王様化」

### ◆理想の現地法人の人事戦略

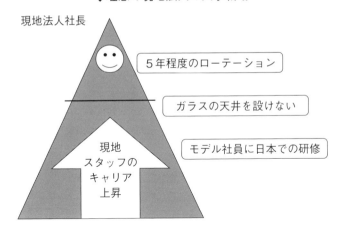

### ◆不正会計が生まれる場合

　　不正会計が行われやすいケースとして以下の5つが挙げられます（『続なぜ企業は不祥事を繰り返すのか』樋口晴彦）。
① 傍流事業
② 特殊事業
③ 人材が長期配置
④ 担当者が有能
⑤ 事業譲渡の不安がある
　　つまり，不正へのプレッシャーがあり，（⑤），管理する側に知識が不十分で（①，②），人に問題がある場合（③，④）です。「管理される側に知識があって管理する側の知識が及ばない」という知識格差を生まないようにしましょう。

# 3　海外子会社経営の「型」

会社経営と同様，海外子会社経営にも「型」があります。

## ■会社経営の「型」

会社経営一般では，①会社理念を頂点に，②事業戦略，③商品・サービス戦略，④販売戦略，⑤ブランド戦略，⑤組織戦略，⑥人事戦略，⑦財務戦略などを構築します。各戦略に穴がないかを遺漏なく設計します。

## ■海外子会社経営・管理の「型」

海外子会社経営・管理も同様です。海外子会社の経営（特に日本本社からの管理）で問題になるのは，①会社法，②労務，③贈賄・汚職，④カルテル，⑤組織・コミュニケーション，⑥情報管理，⑦経理，⑧BCP（事業継続計画）です。これら8つを，現地の言葉（英語圏なら英語，非英語圏なら現地語）でインタビューしたりして調査・モニタリングする必要があります。

## ■現地語でコミュニケーションしよう

海外拠点で上記8つの項目をチェックする場合，日本人と日本語のみでコミュニケーションしても，得られる情報は極めて限られます。（コロナ制限はありますが）現地に足を運び，現地語または国際語である英語で尋ねるのが鉄則です。

日本語で情報収集する場合のデメリットは，以下のとおりです。

(1)　現法社長はどうしても優等生ぶる

どんなに正直で率直な現地責任者でも，自分に都合の悪い情報を日本本社に対して十分に開示することは期待できません。自分に対する評価や自分の出世に直結するからです。日本語の情報は，そもそもバイアスがかかっているのです。

(2)　得られる情報量が圧倒的に少ない

現地マネージャーから英語（現地語）で情報収集することで，現場のストレスや，理想と実態との乖離（日本人が伝わっていると思っていたことが，全く伝わっていなかったり）などが分かります。日本語で得られる情報は真

に得るべき情報の半分程度にすぎません。

**◆会社経営の「型」**

**◆海外子会社経営の「型」**

この海外子会社経営の「型」がしっかり運用されているか，
① 現地に足に運んで，
② 現地語で
③ 現地スタッフにインタビュー
して確認するのが王道

## 4　コンプライアンスをクリエイティブに

　コンプライアンスを扱う管理部は，非クリエイティブなコストセンターと思われがちです。しかし，以下のように考えると，コンプライアンスは「クリエイティブなプロフィットセンター」業務になります。

### ■経営資源の効率的分配 ── 選択と集中

　現地法人社長のリテラシーとキャパシティには限界があります。ですから，海外の現場任せにするのではなく，日本本社で「お膳立て」するように事前に多くの「デザイン」をすべきです。これは経営の基本の「経営資源の効率的分配」です。管理（守り）が得意な日本本社管理部が前のめりに多くの業務を引き受け，管理が不得意な現場には得意な営業や技術開発（攻め）を委ねるべきです。

　限られた人的資源の中で，日本本社が「守り」を担い，海外の現場には「攻め」に集中させるという，「選択と集中」をすべきです。

### ■コンプライアンスがクリエイティブに利益を生む

　経営資源の効率的分配を念頭に置いて，海外子会社運営を再検討すると，プロフィットを生み出すことができます。

　例えば，海外法人に足を運び，前項の海外子会社経営の「型」にあてはめて現地スタッフとコミュニケーションします。すると，型にあてはまらない「穴（ミス，不備）」が発見されます。その穴を修復する過程で，本来は日本本社がやらなければならないのに，無理に現地法人に負担させている「無駄」に気づくことがあります。そのような無駄を省く努力をすること（経営資源の再分配）は，海外事業全体のコスト削減に繋がります。

　コスト削減は利益を生みます。海外事業全体の経営資源をどう分配するかという見地に立って海外子会社管理を行えば，コンプライアンス業務の一環として非効率的な部分を解消し，利益を生み出すクリエイティブな仕事になります。

### ◆海外子会社「管理」3態様

| 事前 | 現場 | 事後 |
|---|---|---|
| デザイン | オペレーション | 監査 |
| 守り<br>（ブレーキ） | **攻め**<br>**（アクセル）**<br>守り<br>（ブレーキ） | 守り<br>（ブレーキ） |

「攻め」（営業や技術開発）が得意な現法社長は,
キャパシティもリテラシーも限られており,「守り」は苦手
↓
日本の管理部（第2線）が「守り」をお膳立てしてあげるのがよい

### ◆経営資源の再配分をしてクリエイティブに利益を生み出す

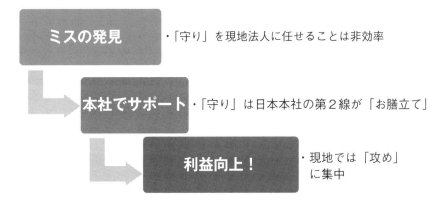

ミスの発見　・「守り」を現地法人に任せることは非効率

本社でサポート ・「守り」は日本本社の第2線が「お膳立て」

利益向上！　・現地では「攻め」
　　　　　　　に集中

# 5　海外子会社管理の工夫──What のみならず WhoやHowも意識する

　海外子会社管理では，What（何を）Who（誰が）How（どうやって）の3つを意識しましょう。

## ■What（何を）── 現地へのカスタマイズ

　海外子会社管理で何（What）をすべきか，については，現地法人へのカスタマイズが重要になります。例えば，米国FCPA（海外公務員腐敗防止法）対策における公務員への贈答品の決済基準を，全世界で統一するのか，物価の低い国では低くするかなどです。

　また，あまり難しいガイドラインやマニュアルを作成しても，知的レベルの低い現地スタッフには理解されません。日本本社が頑張れば頑張るほど無駄になることがあります。

## ■Who（誰が）── 現地との連絡担当者

　法務・コンプライアンス事項を海外の現場に伝える担当者は，以下の2つがあります。

(1)　事業部（日頃から売上等の管理のために海外現地法人と連絡をしている部署）

(2)　管理部（法務部・総務部・コンプライアンス部など）

　この(1)(2)はいずれも一長一短ですので，それぞれのデメリットを念頭に置きましょう（詳細は第1章[11]）。

## ■How（どうやって）── どのようなツールで

　どのようなコミュニケーションツールで伝えるかという問題では，

①　面着（Face to Face）

②　ビデオ会議

③　電　話

④　メール等のテキストだけ

などの手段があります。①はコストやコロナ罹患リスクがあります。③や④

では理解と定着に不安があります。e-Learningを導入したものの，やはり知識の定着率が低いので，Face to Faceのワークショップ（第3章⑥参照）に切り替える企業も増えています。

## ◆子会社管理の「What」「Who」「How」

| What | なにを | ✓ 日本本社でできることを現地に負担させていないか<br>✓ コンプライアンスマニュアルが：<br>——現地スタッフから見て，分かりやすいか<br>——現地の実務の実情を踏まえているか |
|---|---|---|
| Who | だれが | ✓ 現地と日本本社の役割分担<br>✓ 現地法人社長との日本語だけのコミュニケーションになっていないか<br>✓ 日本の連絡担当者は誰か<br>✓ 現地スタッフと適切にコミュニケーションしているか |
| How | どうやって | ✓ 「上から目線」の押し付けになっていないか<br>✓ メールのみの無機質な伝達になっていないか<br>✓ 現地スタッフのレベルに合わせた研修をしているか<br>✓ 現地語でコミュニケーションしているか<br>✓ 一方通行の大人数研修ではなく，小規模ワークショップをしているか<br>✓ 研修やワークショップの頻度は適切か（1年に1度では不十分） |

## 6　研修ではなくワークショップを

　コンプライアンスの浸透のためには，研修よりもワークショップを行いましょう。

### ■e-Learningの限界

　e-Learningを導入しても，管理部がきちんと仕事をしましたという「アリバイ作り」に終わることが多く，実際にコンプライアンスの効果が上がらない場合が多いです。オンラインで無味乾燥な教育素材を眺めるだけでは，「仏作って魂入れず」になりかねません。

　そこで，多くの企業では，コロナ下でも，面着（Face to Face）の研修やワークショップを復活させています。

### ■研修よりもワークショップ

　そもそも「お堅い」コンプライアンス研修を，講義を一方的に聞く形式で行えば，居眠りを誘い，つまらないものになるのが関の山です。

　そこで，講義形式のみならず，ワークショップを組み合わせましょう。4人以下のグループを作り，短時間（10〜20分）で，テーマごとに，受講生同士が意見を交換します。これにより，単に話を聞くだけの受動的な姿勢から，自分で対策を考える能動的な姿勢が身につきます。

### ■ワークショップのコツ

　よいワークショップをするコツとして，以下が挙げられます。

⑴　ホワイトボードを使う

　ブレスト的に思いつくものをどんどん書き出します。書き出すことによって脳が活性化し，議論が促進されます。

⑵　タイムキープ（時間管理）を厳格に

　メンバー自己紹介の時間などを細かく数分単位で指定するなどして，ワークショップにメリハリを付けます。

⑶　モデレーターが積極的に

　日本企業はワークショップに慣れていないので，モデレーターが大きい声

で細かく助け舟を出してください。

◆コンプライアンス浸透の方法

「何を」（What）やるかではなく，「どのように」（How）やるか

| | ✕ | ◯ |
|---|---|---|
| 形式 | 講義<br>一方通行 | ワークショップ<br>双方向 |
| イメージ | 受身的 | 主体的 |
| 頻度 | 年に一度のみ | 年に数度 |
| 規模 | 大人数 | 少人数 |
| 時間 | 長い（数時間） | 短かく（集中できる工夫） |
| 資料 | 緻密で網羅的<br>刺さる言葉がない | 直感的に分かりやすい<br>刺さる言葉がある |
| 意義 | 第2線のアリバイ作り | 第一線が主役 |

◆ワークショップのコツ

## ホワイトボードを使う

・書きながら考える

## 時間管理を厳格に

・1分単位で

## モデレーターは積極的に

・たくさん助け舟を出す

## 7　コミュニケーションは頻度が命

　海外拠点とのコミュニケーションにおいては，意識的にその頻度を高めてください。

### ■コミュニケーション頻度の重要性

　コミュニケーションは頻度が重要です。週に一度上司から褒められるよりは，毎日軽く声をかけられるほうが，部下は上司に親近感を抱きます。海外子会社・関連会社とのコミュニケーションも頻度が重要です。

　例えば，海外子会社にあるコンプライアンス・プログラムを導入するとします。その場合，現場の声を聞かずに，日本本社の都合と思い込みで何かを導入しても，「現場のことを何も知らないくせに……」「OKY（お前がここにきてやってみろ）」と反発を食らうのが関の山です。

　そうならないために，①アンケートと②インタビューを活用して，コミュニケーションを多く重ねてください。

(1)　アンケート

　事前に海外子会社の現場からアンケートを取り，現場の声を集めて実情を把握します。

(2)　インタビュー

　その上で，現地担当者（現法社長や現場スタッフ）にインタビューし，より具体的に現場の感覚とすり合わせます。

　このアンケートとインタビューをした上で初めて，プロジェクトを現場に浸透させてください。このように，アクションを起こすまでに，理想的には現場と3回以上のコミュニケーションを取りましょう。

### ■3つのSmall Talkが必要

　定期的な現地とのコミュニケーション機会も増やしてください。現地からすると「本社から見られている（関心を持たれている）」というだけで，「悪いことはできないな」というよいプレッシャーになります。

　海外事業の管理では，以下の3つの場面で，日頃から闊達なコミュニケーション（カジュアルなSmall Talk）が行われることが理想です。

(1) 日本本社内
　　管理部と事業部との間
(2) 日本と海外
　　日本担当者と現地担当者との間
(3) 海外関連会社内
　　現地法人マネジメントと現地スタッフとの間

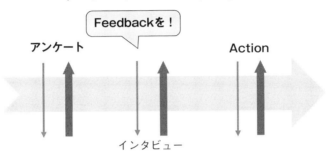

◆コミュニケーションは「頻度」が命！

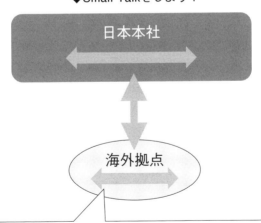

◆Small Talkをしよう！

３つのSmall Talkが大事
① 日本本社内（管理部と事業部）
② 海外拠点内（日本人スタッフと現地スタッフ）
③ 日本本社と海外拠点

## 8　GDPR（EUの個人情報保護法）

　2018年から適用されている欧州連合（EU）のGDPR（General Data Protection Regulation，一般データ保護規則）の注意点を確認しましょう。

### ■適用対象
　以下の場合にGDPRが適用されます。
(1)　個人データの範囲
　対象となる「個人データ」は，識別可能な自然人に関するすべてのデータです。オンライン識別子（Cookie），IPアドレス，位置情報，遺伝情報などが含まれます。
　日本の個人情報保護法における個人情報よりやや広いです。
(2)　地理的対象
　欧州地域に拠点を出していなくても，欧州地域の個人に対し，商品やサービスの提供を行う場合には適用されます。

### ■内　容
　GDPRの主な内容は以下のとおりです。
(1)　任命義務
　定期的に大量の個人データを取扱う企業などでは，データ保護責任者（Data Protection Officer）を任命しなければなりません。
(2)　通知義務
　個人データの漏洩が発生した場合，企業は監督機関に対して72時間以内に通知しなければなりません。
(3)　域外移転規制
　欧州地域の外に個人データを移転する場合で，移転先がEUと同程度の個人情報保護水準にない国（十分性認定がない国）のとき，特別な越境移転規制を満たす必要があります。データ保有個人の同意を得ておくなどです。
　日本は2019年１月に十分性認定を受けたので，日本への移転にはこの越境移転規制を通す必要がなくなりました。

■罰　則

　GDPR違反には，最大で2,000万ユーロ（約25億円）もの罰金が課されることがあります。

◆「個人データ」の範囲は広い

◆GDPRが適用される場合

◆域外移転に注意

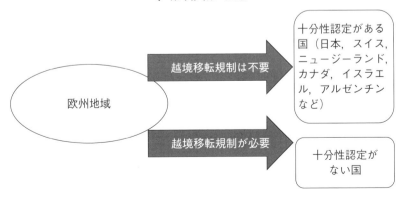

# 9 内部通報

　テレワークが増えている昨今，社内不正がさらに見つけにくくなっており，内部通報制度のさらなる拡充が求められています。

## ■内部通報の重要性

　公認不正検査士協会の調査によれば，不正一般の発見ルート（つまり，何を契機として不正が発見されたか）として，監査等ではなく，内部通報がダントツで多いです。

## ■窓口は複数・現地語で

　内部通報窓口は，多様な複数の窓口を設けてください。また，海外拠点のみならず，日本本社にも設けてください。日本語・英語のみならず，現地語でも窓口を作って，とにかく「利用しやすい」制度にしましょう。世界的大手企業では窓口を8つも設けているところもあります。

　窓口の名称を「内部通報」という堅い名称ではなく，「Speak Up窓口」など柔らかいものに変える工夫もお勧めです。

## ■現地の対応能力に注意

　海外事業で最も危険なのは，現地窓口の対応能力不足です。経験と知識不足の現地スタッフが，初動を間違えて二次被害を拡大させてしまうことがあります。特にカルテルや贈賄など重要な事案では，決して「現地任せ」にしないようにしましょう。

## ■個人情報の国外移転との関係

　海外スタッフに関する通報情報が国をまたいで日本本社に来る場合，個人情報が国外移転することになるので，個人情報保護法（EUのGDPR）との関係が問題になります。この問題については，2019年に日本の十分性認定がされたために，通報対象の個人から個別の同意を取る必要はなくなりました。ただ，個人情報を日本以外の国外に移転する場合，その国が十分性認定されていない場合は，対象者の個別の同意が必要となります。

## ◆不正発見ルート——内部通報制度の重要性

| 48% | 15% | 11% | 7% | 5% | 3% |
|---|---|---|---|---|---|
| 内部通報 | 内部監査 | 経営監査 | その他 | 会計調査 | 偶然 |

（出所）2020 ACFE Report to the Nations

## ◆内部通報窓口——日本／外部／海外

| | 日本本社 | 外部委託 | 海外子会社 |
|---|---|---|---|
| メリット | ✓ 「握り潰し」なし<br>✓ 統一的対応 | ✓ 中立性 | ✓ 機動性・柔軟性<br>✓ コミュニケーション容易 |
| デメリット | ✓ 言語の壁<br>✓ 機動性・柔軟性 | ✓ コスト<br>✓ 機動性 | ✓ **対応能力**<br>✓ 統一的対応×<br>✓ 「握り潰し」 |

## 10　海外監査のポイント

海外事業を監査する場合のポイントを説明します。

### ■不正監査の4要素
海外子会社を監査する場合の不正のチェックには4つの要素があります。
(1)　契約書

　①契約書が存在するかのみならず，②怪しい支払の根拠となるような不明瞭な文言（例えばSpecial Handling Feeなど）が契約書中にないかをチェックしましょう。

　また，金銭的対価に見合ったサービスの内容が明示され，実際にサービスが存在するかも要チェックです。

　さらに，国際取引では，サービス・販売に見合う正当な対価の支払ではないと，移転価格制の問題も生じます。不当に安く買ったりしても，正当な対価で買ったとして課税されます。
(2)　システム

　会計・経理システム（データ，アカウント）に，不正を疑われる支払があるか。コストはかかりますが，日本本社と同じシステムを現地拠点で導入していれば，システム監査は容易になります。
(3)　帳　簿

　帳簿・財務関係書類に，不正を疑われる取引・支払履歴が残っているかを確認するのは当然ですが，海外では二重帳簿や三重帳簿（本社報告用，税務署提出用，手元控え用）があったりします。帳簿の原本・同一性から確認しましょう。
(4)　インタビュー

　最後の手段として，コストはかかりますが，現地スタッフとのインタビューも欠かせません。帳簿やシステムを精査した上で，事実・証拠（外堀）を固めてから，インタビューに臨みましょう。インタビューは現地語で行うことが原則です（第3章③参照）。

■監査のポイント

監査及びそれをデザインに活かす際に，以下の3点を意識しましょう。

(1) トランスペアレンシー（透明性）

ブラックボックスに入れないこと。余人を持って代えがたい人材はブラックボックスを作るため，このような人物に任せきりにしてはいけません。

(2) アカウンタビリティ（説明責任）

誰に対しても堂々と説明できるようにします。

(3) トレーサビリティー（追跡・再現可能性）

事後的に，帳票やシステムから他の人でもお金の流れを説明できること。特定人に依存したオペレーションになると，トレーサビリティーを確保できません。

◆監査方法

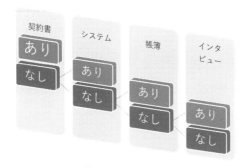

◆監査の三要素

## 11　海外法人の株主総会──日本との違い

海外法人の株主総会については，以下の点が日本と異なります。

### ■最低株主数

ほとんどの国では１名で足りますが，インド・中国・インドネシアでは最低２名が必要ですし，タイでは３名が必要です。

### ■一株一議決権ではない

日本では，株主が保有株式１株につき１議決権を持つという「一株一議決権の原則」があります。しかし，タイ，インド，シンガポール，マレーシア，ミャンマーでは，むしろ，「出席者１人（頭数）につき，１議決権」が原則になっています。これらの国では，たとえ日本の親会社が99％株式を持っていても，0.5％株式を保有している少数株主が２名出席した場合，頭数で，２名の少数株主（合計で１％）のほうが多数決支配できてしまうという事態が生じます。

このような日本本社に不利な事態が発生しないように，定款で，「一株一議決権」であることを明記しておきましょう。これもトラブルを未然に防止するデザインの１つです。

### ■特別決議要件が厳しい

海外では，次頁の表のように，株主総会の特別決議の要件として，日本のように３分の２ではなく，４分の３（75％）以上とする国が多いです。特別決議の要件が75％である国では，株主総会の特別決議事項について拒否権を握るためには，（33％超ではなく）25％超の株を保有すれば足ります。海外拠点を設立したり買収する場合には，これらの資本構成をあらかじめ確認しましょう。

ちなみにインドネシアでは，株主の３分の２の賛成が必要な特別決議と４分の３が必要な特殊決議があります。

■新しい制度（テレビ・ビデオ会議など）は当然には使えない

　海外の会社法は未整備なことも多く，日本法では行えるテレビ・ビデオ会議や書面決議が利用できなかったりします。取締役会決議や株主総会決議に日本からZoomで参加できるかも要確認です。タイではコロナ禍の影響で「海外からビデオ参加できる」通達が出ました。フィリピンでは，日本から株主総会にビデオ参加するには定款変更が必要です。

### ◆頭数か議決権（秘密投票）か

現地国
パートナー A
5株

現地国
パートナー B
5株

日本
親会社C
990株

0.5%　　0.5%　　99%

日本本社が99%株主なのに，
現地子会社の株主総会で，
1％株主（現地パートナー）
に負ける！

合弁会社

### ◆アジア各国の株主総会決議要件

| 国名 | 普通決議 | 特別決議 | 備考 |
|---|---|---|---|
| フィリピン | | 3分の2 | 日本と同じ |
| インドネシア | | 3分の2：定款変更等<br>**75%**：合併等 | |
| タイ | 過半数 | | |
| インド | | | |
| シンガポール | | **75%** | 原則：**挙手で頭数** |
| マレーシア | | | |
| ミャンマー | | | |
| ベトナム | | | |

# 12　役員の資格・要件──日本との違い

取締役などの海外法人の役員については，以下の要件が日本と異なります。

## ■取締役

ほとんどの国では 1 名で足りますが，インド・ミャンマーでは最低 2 名が必要ですし，中国では 3 名（の董事）が必要です。

なお，フィリピンには，取締役は最低 1 株を保有しなければならないという要件があります。

## ■会社秘書役（Company/Corporate Secretary）

⑴　意　義

シンガポール，インド，フィリピン，マレーシアには会社秘書役を設置する必要があります。セクレタリーという単語から「秘書役」と誤訳されますが，要するに事務局・事務担当役員です。事務総長（Secretary General）や，アメリカの国務長官（Secretary of State）をイメージしてください。秘書というニュアンスとは異なります。

仕事内容は，総務部長や行政書士のような，議事録の作成・登録などのアドミ的なものになります。

⑵　実務的対応

この会社秘書役を探すのは，それほど難しくありません。代行会社や弁護士に，年間いくらかの代行費用を支払って引き受けてもらいましょう。このため，会社秘書役の存在や要件が，海外ガバナンス（機関・役員構成）のネックになることはありません。

## ■居住要件

⑴　取締役

インド，シンガポール，マレーシア，ミャンマー，ベトナムでは取締役のうち 1 名がその国に居住することが必要です。フィリピンの取締役の居住要件は2019年改正法で撤廃されました。

ブラジルでは，ブラジルに居住していない取締役（非居住取締役）は，代

理人を選任する義務があります。

(2) 会社秘書役

　シンガポール，フィリピン，マレーシアの会社秘書役はその国に居住する必要があります。

(3) 財務役

　フィリピンの財務役はフィリピンに居住する必要があります。

■国籍要件

　国籍要件はほとんどありません。フィリピンの会社秘書役がフィリピン国籍である必要があります。

### ◆会社秘書役 Company/Corporate Secretary

| イギリス インド | ― |
|---|---|
| マレーシア | マレーシア在住 |
| シンガポール | シンガポール在住 |
| フィリピン | フィリピン国籍 |
| バングラデシュ | 有資格者（上場会社） |

### ◆取締役の要件

| シンガポール インド ミャンマー | 取締役1名の居住要件 |
|---|---|
| ベトナム | 代表取締役1名の居住要件 |
| フィリピン | 取締役の株主所有 財務役も必要 |
| ブラジル | 非居住取締役は代理人選任義務あり |

## 13　海外拠点からの撤退

　海外拠点（子会社）の撤退の際には，以下の税務リスクを慎重に検討しましょう。

### ■撤退方法は 2 つ

　海外拠点からの撤退方法としては，海外法人を休眠会社として残しておく以外は，①解散か，②破産の 2 つしかありません。この解散と破産のいずれがよいかを考えると，破産よりは解散の方がレピュテーションリスクも低いためお勧めです。

　しかし，日本と同様，海外でも，債務超過では解散ができません。債務超過の会社には破産という選択肢しかありません。

### ■解雇する場合の解雇手当

　解雇する場合，シンガポール以外では法律の定めに従って解雇手当を支給しなければいけません。世界標準では，「勤続 1 年につき 1 か月分」の解雇手当が相場です。

　そこで，月給 3 万円の労働者が平均で 3 年勤続していることを前提にすると，100 人の従業員を解雇する場合に 1,000 万円，1,000 人の従業員を解雇する場合には 1 億円程度の解雇手当が必要です。

### ■解散する場合の税務リスク

　そこで，破産ではなく，イメージのよい解散をするために，債務超過を解消することがあります。その際，親会社から子会社への貸付金（いわゆる親子ローン）があれば，その放棄を検討します。

　この場合に税務的な落とし穴があることに注意しましょう。すなわち，債権放棄（子会社から見ると債務免除）をしてしまうと，親会社は，損金不算入（寄付金に該当しなければ，貸倒損失として損金算入できない）となり，課税されてしまうリスクが発生します。また，子会社にも，「受贈益」が発生するという課税リスクがあります。

　詳細は税理士との確認が必要ですが，いずれにせよ，帳簿上の操作（債権

放棄・債務免除）で簡単に債務超過を解消して解散できるわけではなく，大きな税務リスクが発生しうることは覚えておきましょう。

#### ◆撤退の税務リスク

|  | メリット | デメリット |
|---|---|---|
| 解　散 | レピュテーションリスク小 | ✓ 債務超過だと解散できない<br>✓ 親子ローン放棄すれば税務リスク |
| 破　産 | 税務リスク小 | レピュテーションリスク大 |

#### ◆アームズ・レングスの原則と移転価格税制

　海外拠点に関する税務問題では，本項で述べた撤退時のリスク以外に，アームズ・レングス原則及び移転価格税制を意識しましょう。

　アームズ・レングス（arm's length）原則とは，たとえ子会社・関連会社であっても，独立した当事者として公平な取引をするべきという原則です。文字通り「腕の長さ」分の一定の距離を保ち，親密になりすぎないというイメージです。

　このアームズ・レングス原則を守らずに，関係会社との間でいずれかが一方的に得をする不公平な取引をした場合，通常の公平な価格での取引をしたとみなされて課税されます（移転価格税制）。

# 第4章

# 労務・人事

## 1　海外の労働法比較

　海外の労働法は，主に以下の点が日本と異なります。

### ■解雇に正当事由が必要

　日本と同様，多くの国では解雇をするのに正当事由が必要ですが，日本と同様かそれ以上に解雇は難しいです。

　例外は，アメリカ，シンガポール，アルゼンチンとブラジルです。これらの国では解雇に正当事由が不要です。主に移民で成り立っているため，外資導入政策の一環として，現地従業員の首を切りやすくしているといえます。

### ■「法定の解雇手当」がある

　日本の退職金は，法律（労働法）上の概念ではありません。財務的に余裕のある企業が法律上要求されてもいないのに，福利厚生の一環として従業員に与えているのです。

　一方，海外の多くの国では，労働法上，退職金を法定化した「解雇手当」の支払義務があります。「法定の解雇手当」です。これらの国では，退職金規程の有無にかかわらず，解雇手当を与える必要があります。なお，タイでは定年時にも支払義務があるため，「解雇手当」というよりは「離職手当」です。

### ■解雇手当の金額の世界標準

　解雇手当の金額は，おおむね「勤続1年につき給料1か月分」がグローバル・スタンダードです。3年働いた人には3か月分，10年働いた人には10か月分の解雇手当が基本となります。

　リストラや企業再編に伴う整理などで従業員の解雇を行う場合，この解雇手当の支払は免れることはできません。

### ■労働紛争の柔軟な実務的解決

　以上の「1年あたり1か月分程度」の解雇手当の支払義務は法律上の要請です。しかし，現実は，会社はより多額の出費を覚悟してください。日本企

業に財務的余裕があると見越して，理由なく法外なお金を要求する新興国ス
タッフが多いからです。そのようなわがままなスタッフとの労使紛争を未然
に防止するため，あらかじめ多めの解雇手当（プラスアルファで1〜2か月
の給与分など）を支払う日本企業も多いです。

**◆海外主要国の労働法**

| 国名 | 解雇の正当事由 | 法定の解雇手当＊ | 最低賃金法 |
|---|---|---|---|
| **シンガポール** | × | × | × |
| アメリカ，ブラジル，アルゼンチン | × | ○ | ○ |
| インド，ベトナム，タイ，インドネシア，中国，マレーシア，フィリピン，ミャンマー，スリランカ，カンボジア等 | ○ | ○ | ○ |

＊離職手当とも考えうる

## 2　労務・法務は人事で予防！

　労務・法務マターは，人事の失敗から生じます。「労務・法務は人事で予防する」という意識を持ちましょう。弁護士が相談を受ける法務や労務問題も，言い方は悪いですが「失敗人事の尻拭い」が非常に多いです。しっかりした人を海外現地国に送っていれば，あまり労務・法務問題は起きません。

### ■労　務
　英語がネイティブの国以外では，下層労働者とは英語でコミュニケーションできません。現地の日本人には現地語をマスターしてもらうべく，語学力に優れた人材を海外に送りましょう。

### ■法　務
　現地の法律事務所と顧問契約を結び，気軽に相談したり，改正法のアップデートを受けたりする関係を築いておきましょう。改正法チェックの相談程度なら，年間10万円程度から依頼できるはずです。

### ■人　事 ── どのような人材を海外に送るべきか？
　以下のような人材を海外に送りましょう。
⑴　タイプ・適性
　海外赴任を任せられる人材は，①英語ができて，②現地語もある程度できて，③付き合い上手で，④トラブルを自分の責任として解決しようとする「逃げない」人です。そういう人材を，5年程度のローテーションで，赴任させることが理想です。
⑵　赴任期間
　5年以上の長期間にわたって海外で赴任させると，「その人しか分からないブラックボックス」（遮断された情報）ができてしまい，ガバナンスの危機が発生します。そのようなブラックボックスを意のままに操る「余人をもって代えがたい」人材ができあがるとさらにガバナンスリスクが高まります。有能な人ほどガバナンス的には要注意です。
　次頁に各国ごとのお勧めする人材を紹介します。

## ■人材の「横移動」の危険

　海外拠点を「横移動」して日本本社にしばらく帰らない人には独特の注意が必要です。このような方は「こうでもしなきゃ現場は回らないんだ」という実務的な観点からコンプライアンス違反を正当化するのが上手くなり，コンプライアンス意識が低いままでいることが多いからです。「余人をもって代えがたい」人材に成長してプライドが高くなると，なお管理が難しくなります（第2章④参照）。

### ◆法務・労務は人事で予防！

### ◆海外に送る人材のタイプ別リスク管理

### ◆どの国にどんな人材を送るべきか？

| 国 | 特徴 | どんな人材を？ |
| --- | --- | --- |
| シンガポール | 治安よし | 女性でも |
| ミャンマー・カンボジア | 食事は正直… | グルメは× |
| タイ | ゴルフ天国 | 趣味がゴルフ |
| インドネシア | 単身赴任多し | 独身 |
| フィリピン | 家族的 | 愛嬌がある |
| ブラジル | 遠い　情報少ない | 海外赴任上級者・経験者 |
| インド | B型多し　よくしゃべる　治安は… | B型　関西人　男性 |
| バングラデシュ | 汚い… | 男性か |

## 3　新興国の労務の特徴――その①

アジア等の新興国の労務管理では４つの注意すべき要素があります。

### ■宗　教

東南アジアは，仏教かイスラム教かで大別できます。タイ，ミャンマー，カンボジアやベトナムが仏教国で，インドネシアとマレーシアがイスラム教です。フィリピンのみが，クリスチャンの国です。

仏教や儒教文化が軸にある日本人から見ると，ベトナム人などは文化的に共通するので管理しやすいです。一方，イスラム教徒（ムスリム）の価値観は，だいぶ異なります。業務命令よりも家庭の都合が優先されることが多いので，労務管理で苦労することが多いです。

### ■家　族

マレー系やムスリムに顕著ですが，日本よりもかなり家族優先です。日本人から見ると会社業務は二の次三の次の「家族至上主義」のように映ることがあります。

また，経済レベルが低いため，核家族はほぼ皆無です。多くの労働者は両親や祖父母と同居しています。そのため，異動や配転などで勤務場所が変わる際，同居する家族の意見が尊重されたりします。

### ■カ　ネ

会社ブランドや業種で就職を決めるよりも，端的に給料が高いからという理由で日系企業に務める現地スタッフも多いです。カネの切れ目は縁の切れ目。給与水準が魅力的でなくなると，すぐ退職することもあります。

### ■外　面

東南アジア人（及び日本人）の民族的特徴として，面従腹背的にニタニタ笑ってごまかす傾向があります。現地スタッフの笑顔は，礼儀正しく従順に見えるかもしれませんが，腹の底では軽蔑されていることもあります。笑顔にだまされないようにしましょう。

## ◆新興国労務の特徴①

| 宗教 | 家族 |
|---|---|
| ・仏教国の方が日本と価値観は合う<br>・イスラム教徒のラマダン→労働生産性落ちる<br>・性善説のみではダメ，性悪説も必要 | ・家族至上主義－仕事は二の次三の次。家族の都合で欠勤したり，**親の意見で就職・転職・退職を決めたりする**<br>・日本にありがちな「愛社精神」や会社への強い帰属意識なし |
| **外面** | **カネ** |
| ・「オリエンタル・スマイル」（東南アジアの「笑ってごまかす」文化）に騙されるな！<br>・面従腹背が当たり前。NOと言えない国民性もある | ・現地スタッフによる，家業や個人事業との副業が多い<br>・希望職種の選択は二の次。まずは高月給を確保すべき<br>・金の切れ目が縁の切れ目 |

## ◆本社の指示を仰ぐべきか

　海外の現地法人がどのような場合に日本本社の指示を仰ぐべきかについては，現地法人に与えられた権限規程に従うべきです。

　現地法人に裁量が与えられているにもかかわらず，不必要に本社の承認を求めてしまうと，海外スタッフからの信頼を失います。日頃は偉そうなことを言って君臨しているのに，イザとなった場合に本社の顔色ばかり伺っていると，「権威がない」として軽蔑されます。

　海外スタッフは，日本人が考える以上に「権威」「外面」や「メンツ」を気にします。労務管理においても，スタッフの「威厳」「メンツ」を保つような細やかな配慮が必要です。

# 4　新興国の労務の特徴 —— その②

　新興国の労務管理について，その他に重要な要素を挙げます。

## ■気　候

　暑い気候では人はなかなか働きません。近代以降，赤道付近では大きな国家は栄えていません。シンガポールが栄えたのもクーラーが発達してからです。高温・高湿の環境では，人間の知的作業は停滞するからです。

　我々日本人が熱帯にいるアジア人が怠惰に見えるのも，やむを得ません。高温多湿で冷房がなければ誰でも怠惰になります。

## ■歴　史

　近代化・工業化が遅れたアジア（の特に地方）では，まだ工場労働すなわち「9時から5時まで」にきちんと働くという概念がなかったりします。「だるいから今日は休みます」「今日はなんだか休みたい気分」など，日本では考えられない理由でスタッフが欠勤したりします。日本人が通常と考える勤怠管理をするだけで一苦労します。

## ■コ　ネ

　「恵まれた人がそうでない人に施しをする」という側面もあるせいか，コネを効かせることは当然のように思われています。親族の経営する会社にリベート・キックバックするなどは日常茶飯事です。

　それを厳密にすべて禁止するのではなく，コンプライアンスに抵触しない範囲で，ある程度は大目に見るという「アジア的」な柔軟な解決が望まれる場合もあります。

## ■誇　り

　いつもニコニコ（ないしはニタニタ）しているアジア人も，実は，その内心では非常にプライドが高いです。特に「メンツ」を気にする人は多いです。日本の昭和的・マッチョ的・家父長的な価値観に慣れていないため，「人前で叱責される」ことは，単に面目を失うのみならず，自分の尊厳が根底から

脅かされるとんでもないパラハラと捉えられることも多いです。

### ◆新興国労務の特徴②

・毎日が酷暑。有史以来，昼間に汗水垂らして働くという概念がそもそもない
・近代以降，クーラーの発達でシンガポールが発展する以前，赤道付近に有力国はなかった

**気候**

**歴史**

・水洗トイレ・自動販売機・靴べらも見たことがない人々が多い
・労働生産性低い
・規律のある行動が不得手，全体を見る能力の欠如
　例：退職時に引継ぎをしない，「ホウレンソウ」ができない，守秘義務を守れない，言われたこと（自分の業務）しかしない……

・羞恥心が強く，プライドも高い
・人前で叱責することはご法度！
・Noと言えないので，何でもYesと言ってしまう
・結局，できないので言い訳ばかりする……

**誇り**

**コネ**

・日本的なコンプライアンスを完全に要求すると，にっちもさっちもいかない
・法制度も不整備
・ある程度柔軟な解決を検討すべき場合もある

# 5　現地スタッフの管理

　法務・労務の仕事の多くは，レベルの低い人を雇ったために発生する「尻拭い」ともいえます。ですから「法務・労務は人事で予防する」のです。まともな人を雇えば，法務・労務マターはあまり起こりません。人事管理の観点から，気になるチェックポイントを挙げます。

## ■採用前に信用調査を

　新興国では，日本と同様かそれ以上に解雇が難しい国が多いです。例えば，インドのブルーカラーワーカーは「いったん雇ったら，永遠に解雇できない」と言われます。そのため採用前にしっかり吟味することが必要です。「取引先の親族だから」などの甘い理由で安々と採用しないようにしましょう。

　一般論としては，「日本企業を渡り歩く人」も危険です。豊富な経歴が魅力的に見えますが，本当に有能な人であれば企業は手放さないはずなので，渡り鳥になりません。日本人をだまそうとする日系企業ゴロに気をつけましょう（タイに多いと言われます）。

## ■従業員の手厚いケアを──「上から目線」にならない

　大手日本企業は，日本本社で多くの福利厚生制度を設けています。従業員の定着率を向上させるためです。海外子会社にも同様に，手厚く福利厚生制度を設けましょう。物価水準が違うため，日本に比べかなり安価にできます。特に，アウティング（Outing：社員旅行）は必須とお考えください（第4章⑦参照）。

　一番いけないのは，日本企業が新興国の安い労働力を使っているという「上から目線」の傲慢な意識になることです。その国に進出させてもらって，その国の発展に寄与させていただいているという謙虚な意識を持ちましょう。

## ■アンケートは「無記名（匿名）」で

　特にアジア人は他人の目を気にすることが多いです。そのため，「匿名」でないと内部通報やアンケート情報が集まらないことがあります。

◆現地スタッフ

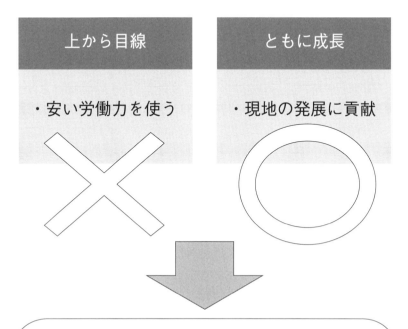

| 上から目線 | ともに成長 |
|---|---|
| ・安い労働力を使う | ・現地の発展に貢献 |

✓日本本社と同様の福利厚生
✓教育プログラム（キャリアサポート）の充実
✓アウティング（社員旅行）は必須
✓解雇は難しいので採用は慎重に

## 6　新興国の労務リスク

人件費が安い新興国にありがちな労務リスクを認識しましょう。

### ■低い労働生産性

　人件費が低い国では，知的レベルも低く，労働生産性も劣ります。例えば，東南アジアでは，タクシー運転手のほとんどは地図を読めません。地図を示しても目的地にたどり着きません。その程度の知力の労働者が海外関連会社で勤務しているというイメージを持ちましょう。

　また，ミャンマーの縫製業は最大の産業の1つですが，ミャンマー最大の都市ヤンゴンでも，靴やスーツを身に着けている人はいません。靴もスーツも身に着けない人たちが製造する縫製業のクオリティには一定の限界がありそうです。

### ■高い訓練・教育コスト

　民度が低い国では，訓練コストが高くなります。識字率が低ければマニュアルも読めません。識字率が90％を超えないカンボジア，ラオス，バングラデシュは要注意です。

　時間厳守なども，日本並みのレベルを要求できないこともあります。正確な腕時計を所持していなければ，時間厳守も要求できないからです。

### ■高い電力コスト

　発展途上国では，電力施設・インフラが未整備なことが多いです。例えば，ミャンマーではほとんど水力発電ですし，数年前まではミャンマー（国土は日本の約1.8倍）の国全体の発電力がわずか沖縄県1県程度でした。そのため，乾季には毎日のように停電します。

　このような電力インフラが未整備な国では，停電しても工場やオフィスの稼働を維持するため，自家発電機を設置する必要があります。自家発電設備の設置・維持コストが通常の公共電力の5倍くらいすることもあります。

　そのため，単に人件費が安い点のみに着目して進出コストを検討してはいけません。

■頻発するストライキ

　新興国ではまだストライキが多いです。ストライキは人件費の上昇率の高い国で頻発します。人件費の上昇率が年率10％に迫るインド，インドネシア，ベトナムでストライキが多いです。

　周りの人件費や物価が急上昇しているのに，自分の会社の給料だけ上がらないという不満がストライキの主因です。「経済成長には必然的にストライキを伴う」くらいの覚悟が必要です。

◆新興国の労務リスク

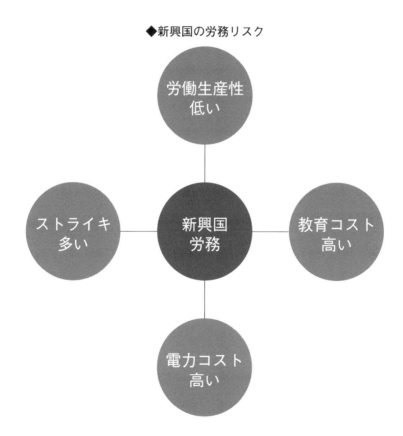

97

## 7　ジョブホッピング対策

　新興国では頻繁に職を変えるジョブホッピングがはびこっています。日系企業の海外法人の現地スタッフの平均勤続年数はわずか3年程度です。

### ■ジョブホッピングの理由
　なぜジョブホッピングが多いのか，理由を探ってみましょう。

⑴　就職動機が「カネ」

　日本人的に考えれば，希望職種や会社理念への共鳴，その他ブランド力や将来性が就職の志望動機になると考えがちです。しかし，新興国での就職の志望動機は，主に「カネ」つまり給料の多さです。自分の希望する給与体系でない場合にはすぐ退職の動機になります。

⑵　終身雇用的価値観は皆無

　新興国のみならず先進国でもそうですが，外国ではそもそも終身雇用的な考えがありません。自分の技能を磨いてレベルの高い会社にどんどん転職していくのが典型的なキャリアパスです。

### ■ジョブホッピング対策
　ジョブホッピングに対してはどのような対策が有効でしょうか。

⑴　従業員満足度の向上

　端的には，従業員満足度を向上させるしか解決策はありません。社員食堂の食事の味や，制服の可愛さ，トイレの綺麗さなど，細かい気配りをしてください。

　中でも，新興国で大事なのがアウティング（社員旅行）です。自分のお金ではなかなか行けない行楽地に連れて行くと，従業員満足度は向上します。従業員と同居する家族（子どもや老親）も連れて行くとなお満足度が上がります。

⑵　バックアップ

　どんな手段をしてもある程度の転職は避けられないので，転職されることを前提にした人事政策を立てましょう。「その人しかできない業務」を作って人に依存する属人的な管理をするのではなく，複数人でローテーションし

て転職による欠員に備えられるとよいです。

## ■ストライキ対策

　ストライキ対策も，ジョブホッピング対策と同様，日頃から従業員満足度を向上させておくことに尽きます。物価上昇に伴う賃上げの要請には真摯に向き合わないと，現地スタッフはすぐ辞めます。ストライキが起きることを前提として在庫を増やしておく等も検討に値します。

### ◆構造的なジョブホッピング

**そもそもの就職動機は，職種ではなくカネ**
・「カネの切れ目が縁の切れ目」で，少しでも高い給料を出す企業へ移る
・工業団地で，日系企業同士の**熾烈な従業員争奪合戦**も

**終身雇用的感覚は皆無**
・一つの会社に勤務し続けることを無能・停滞と捉える文化
・愛社精神や企業への帰属意識なし

**失業を恐れない価値観**
・豊富な果実が採れる南国特有か？
・有史以来，働かなくてもなんとかなってきた？

**ジョブホッピング**

### ◆ストライキの予防策と善後策

**〈予防策〉**
・他社に負けない賃金上昇は最優先。それ以外の手当（福利厚生）も充実させ，労働者満足度向上
・食事の味・質，食堂，トイレ，制服，下駄箱，ロッカー整備など
・会社の一体感・連帯感を醸成するイベント・福利厚生　例：朝礼，運動会，懇親会，誕生会，社員旅行（アウティング）など
・現地スタッフを「使う」のではなく「育てる」という意識

**〈背景〉**
・物価上昇→ストの要請
・携帯電話・スマートフォンの発達で，労働者の権利意識と連帯が進む

**〈善後策〉**
・ストに備えて在庫・人員を確保しておく
・取引先にも，複数社から仕入れるよう事前に依頼して予防線を張っておく
・違法行為には毅然とした措置が必要
・警察・領事館・政府当局・上部組合との連携・介入要請

**ストライキ**

# 8　労働裁判は使えない

　国をまたぐ裁判に限界があることは第2章①で触れましたが，現地での裁判も労務紛争の解決としてはお勧めしません。

■汚職による不公正な判決

　海外では日本のように，弁護士や裁判官が常に信頼できるわけではありません。裁判官が汚職をしないのは日本とシンガポールくらいです。それ以外の国では裁判官も汚職しうると覚悟してください。特にインドネシアの裁判は汚職で有名です。

　「裁判でそもそも公正な解決（正義の実現）は期待できない」と覚悟してください。

■通訳・翻訳コスト

　裁判は必ず現地語で行われます。タイならタイ語，ベトナムならベトナム語です。ですから，文書の翻訳や証人尋問の際の通訳など，言語の壁を超えるストレスがあります。

　弁護士も現地の弁護士を起用する必要があります。「国際弁護士」という資格があるわけではないので，日本の渉外系弁護士が海外で裁判できるわけではありません。そのため，現地弁護士とのコミュニケーションにも，いちいち通訳や翻訳が介入するというストレスがあります。弁護士費用だけでもとても高額になります。

　この弁護士費用を払うくらいであれば，半年分くらいの給料を支払って和解したほうが得策だ，というビジネス判断をすることがほとんどです。

■「みなし解雇」とは？

　新興国では，日本にない「みなし解雇」（Constructive Dismissal，解釈上の解雇）があります。これは会社から解雇を告げるのではなく，従業員の意に反する配転・異動が，従業員から見て解雇に等しい場合，従業員が解雇だと主張して解雇手当の支払を要求できるというものです。

　フィリピン，インド，マレーシア，ミャンマーのコモンロー諸国にあります。

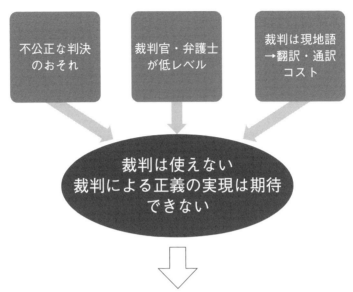

◆労働裁判は使えない

不公正な判決のおそれ

裁判官・弁護士が低レベル

裁判は現地語
→翻訳・通訳コスト

裁判は使えない
裁判による正義の実現は期待できない

「裁判するくらいなら，ある程度高い授業料（和解金・解決金）を支払って
早期に穏便に済ませる」という柔軟な解決

◆労務紛争の柔軟な解決

　日本では，労務紛争の和解金の相場は給料の半年分です。この相場感
は海外でも変わりません。ややこしい裁判を時間をかけて行うくらいな
ら，半年分の給料をもらって早期に解決したいと思うのが世界共通の人
情だからです。
　海外スタッフの月給が仮に3万円だとしたら，半年分で18万円です。
海外の弁護士に相談した場合，数時間でこの18万円程度の弁護士費用が
発生するおそれがあります。
　このようなコストを考えると，「もめるくらいならお金を払って解決」
という柔軟な解決が求められる場合もあります。

## 9　現地の外国人を日本本社が直接雇用できるのか

　コロナでテレワークが活用される今，海外にいる外国人を，現地に拠点を出さずに，直接的に雇用したいという要望が出てきています。このような方法が認められるのでしょうか。

### ■業務委託

　海外に住む外国人にアウトソースする（業務委託で外注する）ことは妨げられません。それにとどまらず，海外に住む外国人を，テレワーク形態で「雇用」することはできるのでしょうか。

### ■外資規制

　現地に拠点を出す方法としては，通常，①現地法人設立，②支店設立，③駐在事務所の設立が選択肢として挙げられます。これらではない直接の雇用が認められるのでしょうか。

　結論としては，外資規制を潜脱してしまうリスクがあるのでお勧めしません。外資規制は，その国の産業や雇用保護のためにあります。このように「日本企業が直接外国にいる外国人を雇用する」ことが大手を振って認められれば，現地の雇用が奪われることになります。これを現地当局は放置しないはずです。

### ■税法上の問題

　もう1つ，現地での課税リスクがあるため，このスキームはお勧めしません。海外で働くスタッフの勤務場所（テレワーク勤務の場合，自宅）が，恒久的施設（PE, Permanent Establishment）と認定されて，その外国で課税される（二重課税の問題になる）おそれがあります。たとえ雇用する人数が少なくても，当局の認定次第ではPE認定されるおそれはあります。

◆現地に拠点を出さないで現地スタッフを採用することの問題点

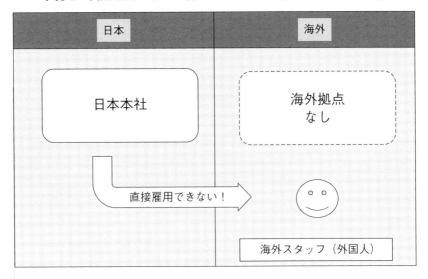

このスキームに含まれる問題点

**そもそも雇用といえるか**

・業務委託との区別

**外資規制**

・外資規制の潜脱になりうる

**税務リスク**

・PE（恒久的施設）と認定され，海外で課税されるおそれ

## 第5章

# 汚職及び
# 腐敗防止法

# 1　海外の汚職の原因

　海外では汚職が「空気」や「水」のようにはびこっています。対策を練る前にまずその原因を探りましょう。

## ■贈賄側の理由
⑴　不正の機会

　贈賄の最大の原因は，不正のトライアングルの「不正の機会」があることです（第2章⑤参照）。会社のお金を，他人の適切なダブルチェックを受けずに，勝手に（独りで）利用できるのです。

　そのため，汚職をなくすには，適切なチェック・モニタリング体制を整えるに尽きます。具体的には，Four Eyes Principleに従い，しかるべき複数人の目でモニターしましょう（第2章⑥参照）。
⑵　エージェントの暗躍

　非英語圏ではエージェント（コンサルタント）が暗躍することが多いです（第5章⑧参照）。

## ■収賄側の理由
⑴　低賃金

　そもそも低賃金なので，賄賂が貴重な収入源です。インドネシアでは，年率10％近くも賃金や物価が上昇しているのに，裁判官の給料は何年も据え置きのままです。これでは賄賂に活路を求めるのもある意味で無理はありません。
⑵　不透明な法制度

　そもそも法制度が未発達で，規定も少ないため，公務員の裁量が大きくなります。タイの会社法（民商法）の条文が177条という日本の5分の1ほどしかないことがよい例です。

## ■贈賄側・収賄側共通の理由
⑴　希薄なコンプライアンス意識

　贈賄側・収賄側双方にコンプライアンス概念がそもそも希薄です。そのため取締りがまだまだ甘いのです。その点，取締りの厳しいシンガポールでは

汚職はほぼ皆無です。

　政治家が汚職している国は，民間レベルではもっと汚職しています。

(2)　格差社会

　富の再分配効果もあるため，「施し」的な賄賂の供与が文化・礼儀の一部になっています。仏教では「喜捨」と呼ばれますが，チップを上げる感覚に近いかもしれません。

**◆贈収賄がはびこる理由**

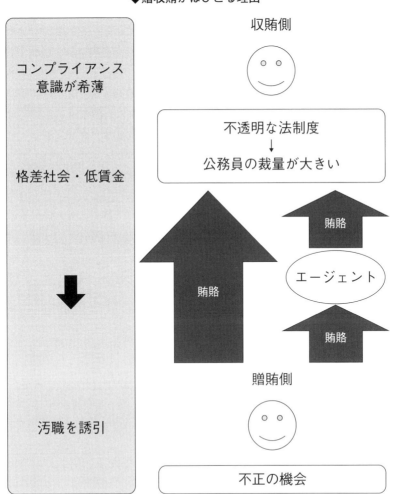

## 2　賄賂とは

*海外の贈賄は，日本人がイメージするより広く成立します。*

### ■「賄賂」の意味は広い

日本と大差ありませんが，現金のみならず，「便宜・利益すべて」が賄賂です。米国FCPAではAnything of Value（価値あるものすべて）を賄賂と定義しています。異性関係（肉体関係）や「親族の就職の斡旋」などのコネの提供も賄賂と認定されます。

### ■社交的儀礼やティーマネー（Tea Money）

日本で賄賂の範囲外とされる「社交的儀礼」とは，形式的には公務員に対する贈賄に該当しても，「心付け」や慣習の範囲なら賄賂と認定しない範囲の賄賂をいいます。お歳暮程度の贈り物は処罰対象とされません。

この日本の「社交的儀礼」に類似する金銭が，アジア（特にタイなどのメコン地域）ではティーマネー（Tea Money）と言われます。金額的には，物価の違いはあれ，世界どこでも数千円です。タイやベトナムでは，１万円程度以下の賄賂を軽微に扱う定めがあります。ただし，韓国の接待防止法では3,000円程度以上を処罰対象としていますので，やや低額です。一方，中国は例外的に甘く，贈賄金額が約17万円以上でないと立件されないというガイドラインがあります（以上，第7章　海外主要国の概要参照)。

このティーマネーが許されるのか（ファシリテーション・ペイメントとの関係）については次の3を参照してください。

### ■「公務員」の意味は広い

海外公務員に対する贈賄の文脈では，「公務員」の定義を広めに考えてください。

国により厳密な定義は異なりますが，国営企業の従業員自体が「公務員」に該当する国（インドなど）もあります。途上国では，大企業には政府資本が入っていることも多いため，「国営企業」が広く認定されるおそれもあります。

◆「贈賄」の概念は広い

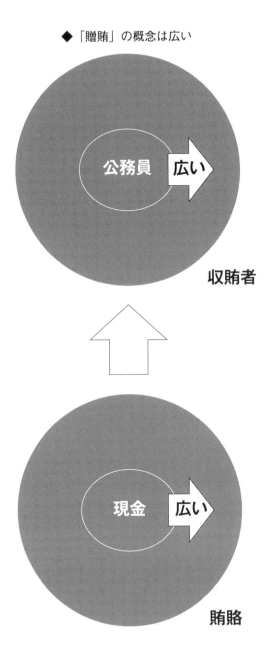

109

## 3　ファシリテーション・ペイメントやティーマネー

　ファシリテーション・ペイメントやティーマネーをしっかり区別しましょう。

### ■合法化しているのはアメリカだけ

　アメリカでは，裁量のない行政手続を円滑に進めるための少額の贈賄をファシリテーション・ペイメントとして明示的に合法化しています。

　一方，タイなどのアジアでは，通関をスムーズに通すための数千円程度の「心付け」を「ティーマネー（Tea money）」と呼ぶことがあります。法律上の定義はない慣用的な表現です。

### ■ティーマネーの判断基準

　ティーマネーがファシリテーション・ペイメントと同様に合法といえるかは，以下の基準で判断しましょう。

(1)　本来は違法な手続

　本来は違法で実現できない手続を，ティーマネーを支払うことによって，強引に履行してもらう場合です。

　例えば，ビザがないから入国できないのに，お金を払ってこっそり入国させてもらうなどです。これは，支払金額の多寡にかかわらず，賄賂として違法で許されません。

(2)　本来は適法な手続

　本来は適法だから実現できる手続であっても，担当官が勝手な裁量を恣意的に行使して（意地悪して）「お金を支払わなければ行わない」と脅迫・拒絶する場合があります。本来の適法な状態に戻すために支払う場合です。この場合，少額な支払（ティーマネー）をすることで履行させるとき，ファシリテーション・ペイメントと同様に許容され得ます。

### ■ティーマネーの監査方法

　ティーマネーの判断や監査時に重要なのは，単に「周りがみんなやっているから」という理由で判断するのではなく，ティーマネーを交付する目的

(上記(1)のように違法状態を解消するのか，それとも(2)のように本来の適法な状態に戻すためなのか）を慎重に見極めてください。金額の大小を検討するのはその次です。

## ◆賄賂とファシリテーション・ペイメントの違い

・**違法な賄賂**：
　本来は違法なのに，それを（賄賂を供与することで）履行されるように仕向ける。

例：入国するためにビザが必要な国へ入国する際，ビザを持っていなかった（入国するのは「違法」）。その際，イミグレーションの担当官に賄賂を支払って，ビザがないのに（本来は入国できないのに），入国させてもらう。

・**適法なファシリテーション・ペイメント**
　本来は適法なのに，担当間の意地悪・不適切な裁量で，履行されない場合がある。その場合に，少額の金員を支払うなどして，履行される状態に戻すことは，許される。

例：上記の例で，入国にビザが必要な国へ入国する際に，きちんとビザを取って入国しようとした。しかし，担当官が恣意的に「金を払わないと入国させない」と言う（本来適法なのに，履行されない）。この場合に，少額の金員を支払うことは，ファシリテーション・ペイメントとして（それと同様に）許容される場合がある。

# 4　商業賄賂

　商業賄賂は，公務員以外の取引先などへの賄賂のことです。

## ■商業賄賂が禁じられている国

　商業賄賂を禁じている主な国は，イギリス，中国，シンガポール，マレーシア，ベトナム，ミャンマー，ドイツ，フランスです。最近は法改正によって，商業賄賂を禁じる国はどんどん増えています。

　公務員が収賄をしないクリーンな国のシンガポールでは，摘発される案件の9割以上が商業賄賂です。

## ■接待との区別

　商業賄賂を禁じる場合，接待との区別が問題となります。大雑把に言うと，普通の接待は許されますが，「接待まみれ」「ズブズブの接待」はNGです。

　例えばイギリスの汚職防止法（UK Bribery Act）ガイドライン14頁には，「野球観戦はOKだけど，必要もないのにニューヨークに行くのはNG」と書いてあります。マンハッタンで仕事がある際，ヤンキースの応援のためにヤンキースタジアムにお客さんを連れて行ってビールとホットドッグを奢るのはOKだけれども，西海岸で仕事があるのに，ヤンキースの応援のためにわざわざニューヨークまで連れて行くのはNGということでしょう。

## ■帳簿記載が重要（中国）

　中国では，帳簿に記載されない場合に商業賄賂と認定されます。逆に言えば，帳簿にしっかり記載すれば商業賄賂と認定されません。この区別を他の経理不正にも応用しましょう。帳簿に記載できない金銭の流れをタブーにしましょう。

◆「商業賄賂」とは？

| 通常の賄賂との違い | 公務員に対してのみならず，**「私人」（取引先など）に対する賄賂も犯罪**となる |
|---|---|
| 適用国 | **イギリス，ドイツ，フランス，中国，シンガポール，ミャンマー，ベトナム，マレーシア等** |
| 接待・販売促進費等との区別 | UKBA：「合理的で調和が取れ，誠実になされる限り」訴追されない（訴追ガイドライン10頁） |
| 具体例* | ✓ 旅費・交通費の支給<br>✓ 野球観戦　➡　○<br><br>✓ 必要もないのにニューヨークに行く<br>✓ 休日に五つ星ホテルの宿泊　➡　✕<br>*UKBA ガイダンス |

113

# 5　海外の汚職リスク

海外の汚職・腐敗防止を検討する場合，どの国であっても，以下の4か国の法律を検討する必要があります。

## ■現地法

その国の刑法や腐敗防止法です。その国の公務員に対する贈賄は，まずは現地法で裁かれます。例えば，タイであればタイ法，シンガポールであればシンガポール法です。

## ■日本法

海外公務員に対する贈賄の場合，贈賄者が日本人であれば，現地法に加えて日本法（不正競争防止法）も適用されます。贈賄のような重い犯罪の場合，国内外を問わず，日本人が犯した罪に日本の法律が適用されるからです（属人主義）。アフリカであろうが南極であろうが宇宙であろうが，贈賄場所がどこだろうと日本人の贈賄には日本法がついてまわります。

## ■アメリカ法

アメリカのFCPA（Foreign Corrupt Practices Act：米国海外腐敗行為防止法）は適用範囲がとても広いです。Gmailを使ったり，USドルの決済をしたり，アメリカ人と電話会議をしたり，メールのCCにアメリカ人が入っているだけで，アメリカの管轄が認められる可能性があります。

アメリカの管轄が広い理由は，ピューリタニズムから来るアメリカ人の潔癖さと，他国企業を攻撃して自国産業を保護するためとご理解ください。

## ■イギリス法

特に，（子会社等で）イギリスに拠点を置いている場合，処罰対象となる会社関係者の贈賄場所は，英国内外を問わず，地理的に無限定です。

このように，どの国の事例でも，アメリカ等の贈賄規制が問題になり，これらが重ねて適用される危険もあります。国際管轄（域外適用）一般につい

ては第6章⑨を参照してください。

**◆外国公務員等に対する贈賄で適用され得る4か国の法律**

1　日本：　日本人なら犯罪の地を問わずに日本法（不正競争防止法）が適用。
2　現地国：現地国の刑法や賄賂防止法も適用。
3　米国：　米国法（FCPA）の管轄はとても広く認められる。
4　英国：　英国法（UKBA）の管轄も広く認められる場合がある。
※　それぞれ1つが適用されれば終わりというのではなく，重畳的に適用される。

**◆汚職リスク──4つの法律が適用！**

| 根拠法 | 日本 | イギリス | アメリカ | 海外各国 |
|---|---|---|---|---|
| 法適用根拠 | 属人（保護）主義 | 属地主義 | | |
| | 日本人なら適用 | 各国（その場所）で行われた場合 | | |
| 贈賄場所 | どこでも | イギリス<br>**賄賂防止懈怠における贈賄場所は無限定** | アメリカ<br>**その概念広し** | 各国 |

## 6　海外腐敗防止には２種類ある

アメリカのFCPAなど「外国公務員」に対する贈賄も規制対象ですが，より大事なのは，「自国公務員」に対する贈賄です。

### ■大事なのは進出先「国内」の贈賄

アメリカFCPAの規制強化から，「外国公務員」に対する贈賄ばかりが注目されがちですが，実は「国内の贈賄」のほうが重要です。「進出国（例えばタイ）から他の国（例えばシンガポール）の公務員への贈賄」よりもまず，「進出国にいる現地スタッフから，その進出国の公務員への贈賄（タイ国内の贈賄）」のほうが事例が多いからです。

これらの「進出先国内の贈賄」は，（アメリカの管轄があれば）FCPAの処罰対象にもなりますが，まず第一に，進出国（現地国）の刑法や腐敗防止法でも処罰対象です。進出先「国内」の贈賄は外国公務員に対する贈賄であり，かつ自国公務員に対する贈賄でもあるのです。

### ■外国公務員に対する贈賄規制

アメリカのFCPA，イギリスのBribery Act，日本の不正競争防止法が有名ですが，国連加盟国の約85％が，同様の外国公務員贈賄防止規制を有しています。

もっとも，執行状況は芳しくありません。日本の外国公務員に対する贈賄を禁じる不正競争防止法は，平成後期の15年で５件しか執行されませんでした（令和になってから４件が執行されました）。

また，アメリカ・イギリス・日本以外ではほとんど執行されていません。これは，国境を越える捜査に莫大な税金（渡航費用，翻訳・通訳費用）を使うため，それに見合う大型事件しか捜査対象とならないからです。

そのため，外国公務員に対する贈賄規制のみならず，まずは自国公務員に対する贈賄規制をチェックしましょう。

### ◆「海外腐敗防止」には２つある

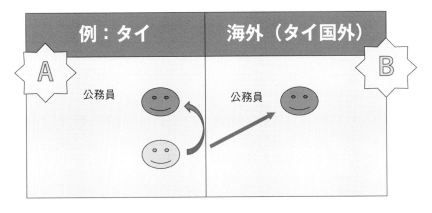

| | | 外国A | | 外国B |
|---|---|---|---|---|
| 1 | 現地スタッフ | A国国内法 → ☺ | | |
| 2 | | → ☺ | | 海外公務員贈賄罪 ☺ |
| 3 | 日本人 | A国国内法＋日本の不正競争防止法 → ☺ | | |
| 4 | | → ☺ | | 海外公務員贈賄罪+日本の不正競争防止法 ☺ |

1　A国の現地スタッフ（A国人）が，A国公務員に贈賄：A国国内法が適用。
2　A国の現地スタッフ（A国人）が，B国公務員に贈賄：（A国の）海外公務員贈賄罪が適用。
3　A国に赴任している日本人が，A国公務員に贈賄：A国国内法＋日本の不正競争防止法が適用。
4　A国に赴任している日本人が，B国公務員に贈賄：（A国の）海外公務員贈賄罪＋日本の不正競争防止法が適用。

※　２と４の場合は，アメリカ法やイギリス法の管轄が認められやすい点にも要注意。

## 7　FCPAやUKBAの注意点

外国公務員に対する贈賄を禁じるFCPA（Foreign Corrupt Practices Act）もUKBA（UK Bribery Act）も，以下のように管轄がとても広いです。

### ■FCPAの広い管轄

以下の行為をしただけで，アメリカに管轄がある（FCPAが適用される）と解釈される可能性があります。

① 　メールのCCにアメリカ人が入っていた
② 　電話会議やZoomにアメリカ人が参加していた
③ 　Gmailを利用した
④ 　米ドルで決済した
⑤ 　アメリカの銀行口座を利用した

### ■UKBAの広い管轄

イギリスのUKBAは以下の点で適用範囲が広いです。

(1)　不作為も処罰対象

イギリスに拠点・関係会社を有している場合，贈賄のみならず，その拠点が組織として贈賄防止体制を整えなかったという「不作為」も罰せられます。

(2)　贈賄場所は無限定

上記(1)のように，会社としての不作為が罪に問われる場合の，関係者の贈賄場所に地理的限定はありません。アフリカでも日本でも南極でも宇宙でも，関係ありません。

### ■子会社の責任が日本本社に及ぶか

適用範囲が広いとはいえ，アメリカやイギリスの子会社・関連会社の責任は当然には日本本社に及びません。ただ，親会社から子会社への連絡が，「共謀」や「教唆」と認定されるおそれには注意しましょう。アメリカの「共謀」（コンスピラシー）は日本より広く認定される危険があります。

◆日・米・英の比較

◆海外汚職防止法（日・米・英）の比較

| | | 日本 | アメリカ | | イギリス | |
|---|---|---|---|---|---|---|
| 法律 | | 不正競争防止法 | FCPA | | UKBA | |
| 執行 | | 不活発 | 最も活発（1位） | | 活発（3位） | |
| 適用対象 | | 贈賄 | 贈賄 | 会計・内部統制 | 贈賄 | 贈賄防止懈怠 |
| 円滑化のための支払い（Facilitation Payment） | | △ 少額なら場合によって | ○ 除外規定あり | | × 除外規定なし | |
| 商業賄賂 | | ○ 不可罰 | ○ 不可罰 | | × 可罰 | |
| 公訴時効 | | 5年 | 5〜8年 | | なし | |
| 法定刑上限 | 個人 | 500万円 懲役5年 | 10万ドル* 懲役5年 | 500万ドル 懲役20年 | 法定刑の上限 禁錮10年 | |
| | 法人 | 3億円 | 200万ドル* *または利得額の2倍（選択的罰金法） | 2,500万ドル | 上限なき罰金 | |

119

## 8　エージェント起用のリスク

　海外ビジネスでは，現地のエージェント（代理店，コンサルティング会社）を起用することがほとんどです。これらエージェントが贈賄をする場合のリスク管理も大事です。

### ■非英語圏でエージェントが暗躍する

　エージェントが暗躍するのは非英語圏が多いです。非英語圏では，言語の障壁が大きいので，現地語が分かるエージェントを起用する必要性が高いからです。

### ■エージェントとの腐敗防止条項

　エージェントが贈賄しないように，以下のような契約をエージェントと締結しましょう。この契約内容は反社・暴排条項に類似します。
(1)　表明保証
　　・贈収賄を行わない。
　　・第三者を起用する場合，その第三者にも，同様の表明保証をさせる。
(2)　解除・是正措置・損害賠償
　　・違反があった場合は，解除や損害賠償され，是正措置を受け入れる。
(3)　報告・協力義務
　　・贈収賄防止プログラムの実施状況を報告する。

### ■エージェントの選定・監査基準

　エージェントを選定する際や監査する際の判断基準としては，アカウンタビリティ（説明責任）を果たせるかが最も大事です。過去数年の財務諸表を示すことができるか等です。
　他には，特に新興国で，政府関係者（重要人物）との緊密な関係ばかりを強調する人は要注意です。中身のない人間ほど人脈を誇示するからです。

### ■「知らんぷり」は許されない

　アメリカのFCPAでは，エージェントが外国公務員に贈賄した場合を細か

く制限しています。エージェントとの合意や取引に怪しさやいかがわしさが残る場合には，「エージェントがやったので自分たちは知らなかった」という言い訳をすることが許されません。

　具体的には，エージェントが過大な報酬を要求していたり，報酬受領口座が海外の口座だったりする場合などに，エージェントが贈賄をすることを「知りながら」エージェントと取引をしたと認定されてしまいます。「知らぬが仏」「知らんぷり」は許されないのです。

### ◆米国 ── FCPA（贈賄）の広い適用範囲

### ◆モデル腐敗防止条項（抄）

| | | |
|---|---|---|
| 1 | 表明保証1 贈収賄防止 | ▶当事者は，相手方に対し，現在及び将来（本契約期間中）にわたり，各当事者並びにその役員及び従業員が，以下を遵守することを表明し，かつ保証する<br>(1) 日本の不正競争防止法第18条第1項規定の外国公務員贈収賄罪，米国のForeign Corrupt Practices Act of 1977，及び各当事者に適用されるその他の贈収賄規制（以下，合わせて「贈収賄規制」という）に違反しないこと，及び<br>(2) 各当事者の下請業者，代理人及びエージェント等の第三者による贈収賄規制違反防止のために，その支配力及び影響力の程度に応じ，合理的な措置を取っていること |
| 2 | 表明保証2 コンプラ・プログラム | ▶当事者は，相手方に対し，現在，贈収賄を防止するための内部統制及びコンプライアンスプログラムを実施しており，本契約期間中もこれを維持することを表明し，かつ保証する |
| 3 | 是正措置 | ▶当事者は，相手方が本条第1項または第2項の表明保証のいずれかに違反した場合は，相手方に対し是正措置を求めることができる<br>▶是正措置要求を受けた当事者は，当該要求を受けた日から2週間以内に，当該違反の理由及びその是正のための計画を定めた報告書を，是正措置要求を求めた当事者に提出し，かつ相当な期間内に当該違反を是正しなければならない |
| 4 | 解除等 | ▶前項の是正措置要求にかかわらず，是正措置要求を受けた当事者が相当な期間内に第1項または第2項の違反を是正しなかった場合，是正措置要求を求めた当事者は，以下の措置をとることができる<br>(1) 相手方との取引停止，または<br>(2) 本契約，本契約に付随する契約及び当事者間で締結済みのその他の契約の全部もしくは一部の解除 |
| 5 | 報告・協力義務 | ▶当事者は，相手方から求めに応じて，定期的に，贈収賄を防止するための内部統制及びコンプライアンスプログラムの実施状況を相手方に報告する<br>▶当事者は，相手方の贈収賄規制の遵守状況並びに贈収賄を防止するための内部統制及びコンプライアンスプログラムの実施状況を調査し，または第三者をして監査させることができ，相手方は，これに協力しなければならない |
| 6 | 損害賠償 | ▶第4項の停止・解除により損害が生じた場合であっても，当該停止・解除を行った当事者は，何らこれを賠償ないし補償する責めを負わない<br>▶かかる停止・解除により当事者に損害が生じたときは，停止・解除された相手方は，その損害を賠償する責めを負う |

# 9　会社が免責される場合

FCPAやUKBAでは，会社として贈賄防止体制を整えていれば，従業員・役員が贈賄した場合でも，会社のみが免責されることもあります。会社が免責を目指すためには何を目指すべきでしょうか。

## ■免責を念頭に置いたデザイン

贈賄が発生しないような事前の防止措置も重要ですが，贈賄が発生してしまっても事後的に会社だけが免責されるために，会社が十二分に贈賄防止措置を取ったという証拠を残してください。

モルガン・スタンレーの中国関連会社の現地法人社長が贈賄した事案で，その社長個人が罰せられたものの，モルガン・スタンレー自体は免責されました。免責を受けることができたポイントは右頁をご参照ください。

## ■リスクベース・アプローチの重要性

FCPAでもUKBAでも，「リスク・アセスメント」が会社の免責事由の1つとして挙げられています。リスクの高低・大小に応じて，会社として有すべきコンプライアンス体制の優先順位をつけましょう。

## ■コンプライアンス遵守にインセンティブがあるか

アメリカFCPAでは，コンプライアンス・プログラムの改良に貢献した従業員を表彰・高評価・昇進させることを効果的なインセンティブの例とし，インセンティブがあるか否かを企業の責任の一基準としています。

## ■マスコミ対応の重要性

海外子会社で贈賄の不祥事があった場合，UKBA等では，贈賄をした従業員のみが責任を負うけれども，会社としては責任を負わない／免責される，ということがあり得ます。

従業員に不祥事があったからといって，世間体を気にして，適切な初期調査すらせずに謝罪会見等をしてしまうと，当局から法的に責任があるとみなされるおそれもあります。道義的な責任と法的な責任を分け，謝罪会見には

慎重に臨む必要があります。

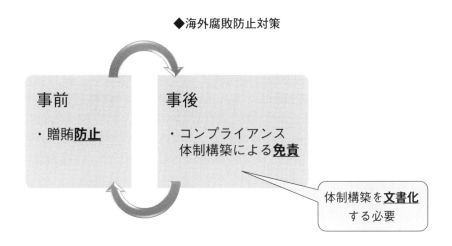

◆海外腐敗防止対策

事前
・贈賄**防止**

事後
・コンプライアンス
体制構築による**免責**

体制構築を**文書化**
する必要

◆FCPA ── モルガン・スタンレーの免責事例

| 事例 | 中国における現地法人社長の贈賄 |
|---|---|
| 免責事由 | ▶その社長に対し，７年間で７回の研修を受講させていた |
| | ▶その社長に対し，FCPA遵守の注意喚起をするメールを35回（**2か月に一回**）送信していた |
| | ▶コンプライアンス担当者による抜き打ち監査 |
| | ▶FCPA対応の宣誓書を何度も書かせていた |
| | ▶コンプライアンスプログラムの定期的見直しをしていた |

# 10 海外の汚職のリスク認識

海外腐敗防止には，まず現状認識を厳しく改める必要があります。

## ■天文学的な罰金

2020年に，エアバスが4,000億円を超える罰金／和解金を支払っています。FCPA違反は会社の存続に関わる「取り返しのつかない」リスクです。

その他，贈賄者個人がアメリカから立件されたり，日本本社が土日もなくアメリカ司法省からの厳しい捜査に服したりするなどの大きなリスクがあります。

## ■日本の大手企業でさえ未だに処罰されている

FCPAのリスクが論じられて何年も経ちますが，それでもパナソニック，丸紅，サントリーなどの大手企業でさえ，FCPAで罰せらせています。

これは，FCPAへの知識や対策がおろそかになっているということではありません。どんな大企業が，どんな対策を講じても，それだけ贈賄の誘惑に抗いがたいからです。大規模な贈賄の多くは「組織ぐるみ」で起こります。「会社のため」の視点のみならず，会社から一歩離れた「社会のため」の視点を身につける必要があります。忖度文化を廃して，カビ（不作為）型不正に立ち向かう勇気が必要です（第2章⑦）。

## ■日本企業の認識の甘さ

多くの日本企業は，贈賄リスクを正しく認識していません。FCPAやUKBAのガイドラインを熟読している法務部員がほとんどいないことはその現れです。言語の壁があるので，情報入手において遅れをとっており，そのためコンプライアンス意識が低いままになっているというコンプレックスと危機感を強く持ちましょう。

リスク管理における英語の重要性については第1章⑦を参照してください。

◆大手企業が最近も……

| 日本企業のFCPA違反 | | | |
|---|---|---|---|
| 2020 | ビームサントリー | **20億円** | アメリカ |
| 2018 | パナソニック | **310億円** | アメリカ |
| 2016 | オリンパス | **26億円** | 中南米 |
| 2015 | 日立 | **22億円** | 南ア |
| 2011 | ブリヂストン | **22億円** | 南米 |
| 2011 | 日揮 | **187億円** | ナイジェリア |

◆腐敗防止対策──まず現状の認識から

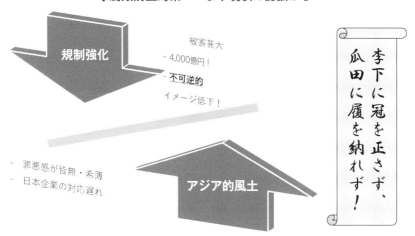

規制強化

被害甚大
- 4,000億円！
- 不可逆的
イメージ低下！

- 罪悪感が皆無・希薄
- 日本企業の対応遅れ

アジア的風土

李下に冠を正さず、瓜田に履を納れず！

# 11 海外腐敗防止の予防策

　海外の贈賄防止のための予防策を，ガバナンス（事前の仕組み）とコンプライアンス（仕組みの運用）の観点で整理します。

## ■ガバナンス＝仕組みづくり

⑴　経営トップの姿勢

　まずは，日本の社長が「ゼロ・トレランス」（撲滅）を明示することが不可欠です。海外でもトップの姿勢（Tone at the top）は最重要視されます。「李下に冠を正さず　瓜田に履を納れず」（疑われることをしない）という潔癖さを前面に出しましょう。

⑵　リソース配置

　トップの姿勢を実行に移す十分な人員を備えましょう。

　例えば，ドイツ企業シーメンスは，FCPA違反で800億円の損害を受けた後に，法務等と「兼任」であった60名のコンプライアンス・オフィサーを，桁を1つ上げて，600人の「専任」体制に増員しました。

## ■コンプライアンス＝仕組みの運用

⑴　徹底した周知活動

　耳にタコができるくらい，うるさく，しつこく現場に危険性と対策を周知しましょう。その周知努力が会社の免責に繋がり得ます（第2章⑨参照）。コンプライアンス対象を現場に周知させるためには，小難しいことを言っても通じません。「シンプルに，しつこく」が鉄則です。

⑵　出納・領収書管理

　すべての取引を帳簿・システムに記録化するのが原則です。領収書の出ない取引は怪しいと判断されます。フォレンジック調査が発達した昨今では，「証拠がない」イコール「怪しい」です。すべての取引を記録化・証拠化して，トレーサビリティ（追跡可能性・再現可能性）を備えましょう。

⑶　厳格な事前決裁

　決裁対象を明確にしてFour Eyes（第2章⑥参照）を効かせます。

　例えば，公務員に何か便宜を図ることのみならず，公務員と「会うこと」

自体を決裁対象にしている大手企業もあります。

(4)　抜き打ち監査

　モルガン・スタンレーの事例（第5章⑨）のように，抜き打ち監査を行っていたことが，会社が免責される1つの要素になることがあります。

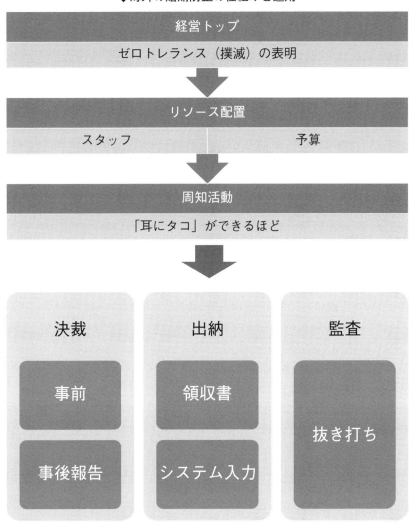

◆海外の贈賄防止の仕組みと運用

経営トップ

ゼロトレランス（撲滅）の表明

リソース配置

スタッフ　　　　　　予算

周知活動

「耳にタコ」ができるほど

決裁
事前
事後報告

出納
領収書
システム入力

監査
抜き打ち

## 12　取引先や現地公務員に便宜を図る代替手段

　取引先や公務員に便宜を図って良好な関係を維持する必要がある場合，贈賄はもちろん許されませんが，以下のような代替手段を検討しましょう。

### ■代替手段

(1)　現金ではなく寄付

　現金を交付することは，帳簿に残らないという怪しさも残るのでお勧めしません。代わりに，寄付という形で相手方に貢献することがあります。工場を出している場合に，地域貢献の一環として現地警察や公務員に寄付することが許される場合もあります。

(2)　寄付ではなくCSR契約

　さらに進んで，会社の社会的責任（CSR，Corporate Social Responsibility）を果たすという名目で，大手コンサルティング会社などとCSR契約を結ぶという方法もあったりします。CSR契約の美名のもとに便宜を図るというわけです。

### ■CSR契約でも免責されない場合

　ただ，CSR契約を結べば常に会社が免責されるというわけではありません。FCPAガイドラインによれば，CSR契約の形式で便宜を図ることにつき，以下のチェックポイントがあります。

①　（利益の）受取人が：
- ・FCPA遵守の表明保証をしたか。
- ・監査済み財務諸表を提出したか。
- ・資金使途制限に同意したか。

②　正当な銀行口座への送金を確認したか。

③　継続的なモニタリングをしたか。

◆贈賄とならない代替手段を考えよう

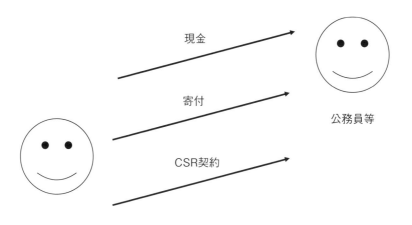

◆CSR契約が隠れ蓑に？

| チェックポイント　FCPAガイドライン17頁 |
|:---|
| 1 受取人によるFCPA遵守の表明保証 |
| 2 受取人が担当公務員ではないことに対するデューデリジェンス |
| 3 受取人による監査済財務諸表の提出 |
| 4 受取人による資金使途制限の同意 |
| 5 正当な銀行口座への送金確認 |
| 6 資金利用前に，慈善活動の公約遵守確認 |
| 7 継続的モニタリング |

## 13　賄賂を要求されたときの対処方法

　前項のような予防策を講じていても，現場では賄賂を要求されてしまうことがあります。その場合は，以下のように「証拠を残す」ことを念頭に対策を練りましょう。

### ■事前準備
　一人で対応すると「言った言わない」の不毛な争いになりがちです。録音機器を準備した上で（秘密録音で構いません），必ず複数人で対処しましょう。

### ■現場で
　賄賂をいざ要求された場合は，知識と経験（度胸）がモノをいいます。どうしても「郷に入らば郷に従え」的な雰囲気に呑まれがちですが，何が適法で違法か（第5章③参照）という知識を踏まえた上で，怪しい支払を要求されたら，「出るところに出るけど，いいのか」「弁護士呼ぶぞ」「警察呼ぶぞ」「当局と話するぞ」「上司を呼んでこい」という強気の交渉をしましょう。
　また，支払には必ず領収書を要求しましょう。

### ■事後的な後処理
　支払をこっそり行って証拠化していないと，後々怪しまれます。適法な支払であれば帳簿に堂々と記載してください。例えば，現地警察との良好な関係維持のために，現地警察に公害対策のためのマスクを寄付した場合，寄付したことを帳簿にしっかり残しておきましょう。
　Four Eyesを効かせるために，微妙な支払は日本本社へ報告するような手配をすることもお勧めです。

◆賄賂を要求されたときの対処方法

| 事前 | 環境整備 | **2人**以上で対応する |
| --- | --- | --- |
| | | **録音**する |
| | | **上司**に面会を求める |
| 現場で | 記録化 | **大きな声**で話す |
| | | 要求の明確化・適法性確認 |
| | | **領収書の要求** |
| | | **大使館・領事館**に架電 |
| 事後 | 報告 | 会社に報告 → **会計帳簿**に記載 |
| | | 大使館等に**苦情**申入れ |

> 後に監査・捜査された場合の
> ✓トランスペアレンシー
> ✓アカウンタビリティ
> ✓トレーサビリティ
> を意識して！

## 14　リベート・キックバック対策

　贈賄そのものではなくても，新興国ではリベート・キックバック（経理不正）が多くあります。そこで，リベート・キックバックの対策を挙げます。

### ■見積もりの確認

　現地法人社長や現地スタッフと親しい知人に仕事を頼むことがありうるとしても，それを野放図にしないようにしましょう。特に，現地法人社長が5年以上現地に赴任している場合，その社長が良からぬ女性関係を築き，その親族にリベートを与える例が多いです。そこで，すべての取引に相見積もりを取ることを要求するのが事前防止の一例です。

　ただ，相見積もりも，形式的に取った形跡を残すために，架空の会社から取っていることもあります。見積もりを提示した会社がきちんと実在するかを，足を運んでチェックすることも大事です。

### ■取引先の信用性調査

　既存取引先がペーパーカンパニーかもしれませんので，その存在を，足を運んで調べることが有効です。取引先が領収書を発行するか，現金での支払を要求しないか等も重要な考慮要素です。その他，質問に対して的確な回答が来るかどうかは，説明責任（アカウンタビリティ）を図る上でとても重要です。

　また，新規取引先を選ぶ際も，外部機関の調査，評判，履歴等を可能な限り調べてください。

### ■担当者のローテーション

　5年程度で駐在員の駐在や職種を交代させることが原則です。その他，一年に数度，駐在員を日本に強制的に帰国させて，その駐在員が使っているアカウントやパスワードで扱っている情報や送ったメールの内容等を確認することも有効です。

◆リベート・キックバックの具体的予防策

| | 対策 | チェックポイント |
|---|---|---|
| 1 | 相見積もり | 見積書の担当者名，所在地，電話，FAX番号まで確認 **（同一人が2つ見積もりを出していないか）** |
| | | 同一人が経営する別会社からの見積もりではないか （会社情報を登記局から取得して代表者・株主を確認） |
| 2 | 顧客名簿の精査 | 最低年に一度は，定期的に精査 |
| | | どのような取引で，どのような業務を依頼しているのか （対価に見合うサービスを受けているか） |
| 3 | 取引先の信用調査 | 会社登記簿，株主・代表者名簿，財務諸表から確認 （タイでは数万円でだれでも入手できる） |
| | | 取引先を巡回して定期的な訪問調査 |
| 4 | 担当者の変更 | 違う人の目による第三者的立場からの調査 （年に一度の帰国期間を利用するなど） |
| | | 長期勤務の功労者ほど危ない |

足を運ぶ！

# 第6章

# 独禁法・競争法

# 1 競争法（独占禁止法）の概要

競争法（独占禁止法）については，カルテル対策に重点を置きましょう。

## ■独禁法か競争法か

日本（中国，インドネシア）では「独占禁止法」という名称ですが，それ以外では「競争法」が多く使われます（アメリカは反トラスト法）。名称が違うのみで中身は同じです。本書では，世界基準に従い，日本の独禁法以外は「競争法」と呼称します。

競争法で最も大事なのはカルテルです。ただ，カルテルをする当事者には「独占」しているという自覚はありません。一方，不正な「競争」という認識は持ち得ます。そのため，カルテル違反者の自覚を促すためにも「競争法」という呼称のほうがお勧めです。

## ■競争法の3本柱

海外の競争法には「3本柱」があります。

① 共同行為

カルテルがここに入ります。垂直的協定もここに含まれます。

② 単独行為

支配的地位の濫用です。排除（独占）行為もここに含まれます。

③ 企業結合

大きなM&Aをする際の事前届出などです。

## ■カルテルの重要性

この3本柱のうち，最も注意すべきは上記の①共同行為（カルテル）です。

②の単独行為は，その国で支配的地位（大きな市場シェア）を占めていなければ，まず問題になりません。

③の企業結合は，（市場シェアをどう認定するかなどの）専門性が高く，結局は大きなM&Aの際に現地弁護士に調査をしてもらうことになります。そのため，事前に知っておきべきことや準備すべきことは少ないです。ただし，企業結合の相手方が競争関係にある場合，ガン・ジャンピング（事前の

情報交換がカルテル等の関係で問題視されること）のおそれもあります。

　いずれにせよ，競争法に関する事前準備としては，９割くらいはカルテル
の防止に向けるべきです。

◆独禁法？　競争法？

## 法令の呼び名　　独禁法より，**競争法**がベター

「独占禁止法（独禁法）」 Anti-Trust, Anti-Monopoly

・米国，日本，中国，インドネシア

「競争法」 Competition

・欧州，シンガポール，マレーシア，インド，フィリピン

◆（海外）競争法の３本柱

共同行為

競争法

単独行為

➤**カルテル**
➤垂直的協定

➤排除（独占）行為
➤支配的地位の濫用

企業結合

事前届出

## 2　競争法の世界的潮流

世界の競争法を比較して概観します。

### ■日米欧が競争法先進国

競争法は，アメリカと欧州（EU）が2大先進国・地域です。日本を含めて競争法の3大先進国と呼ぶこともあります。

### ■アメリカモデルとEUモデル

競争法は，アメリカモデルとEUモデルの2つに分かれます。

(1)　アメリカモデル

条文で細かく規定せず，ケース・バイ・ケースで合理性を判断します。まさに判例法的です。また，自由経済を尊重するため，垂直的制限には甘いです。ただ，最近はデジタルプラットフォーマー（FAMGA）に対する規制は強化されています。カナダや豪州などはアメリカモデルに分類されます。

(2)　EUモデル

適用類型を条文で細かく規定するという大陸法的です。最近制定される世界の競争法の多くはEUモデルです。

### ■20世紀に東南アジアに競争法はなかった

アジアでは経済発展を優先し，21世紀になるまで競争法はほとんど存在しませんでした。スリランカやカンボジアに至っては，今もまだ競争法がありません。

これは日本の高度経済成長（政府主導の護送船団方式による産業政策）を見習い，競争政策よりも産業振興を優先したからです。この日本のような，官民一体で「上から」の経済発展を目指す雁行モデルを「東アジアモデル」といいます。

### ■経済憲法としての競争法の重要性 ── アジア人の認識不足

世界的に見れば，競争法は，国家経済の健全な発展のためには不可欠な「経済憲法」として重要です。しかし，東アジアモデルに従って歴史的に独

禁法を軽視してきたアジア人の意識はまだ色濃く残っています。「和をもっ
て貴しとなす」日本的な文化とも言えますが，悪しき談合体質がDNAに刷
り込まれているとも言えます。アジア人は競争法への危機意識が甘いのです。
実際，2014年，アメリカ司法省に罰金を課された主要企業の7割がアジア企
業でした。

　アジアは世界の競争法の潮流に遅れを取っているというコンプレックスと
危機感を強く持ちましょう。

◆海外の競争法，アジアは施行ラッシュ！

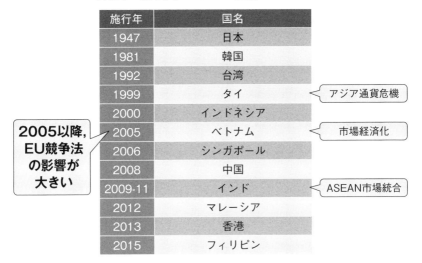

| 施行年 | 国名 | |
|---|---|---|
| 1947 | 日本 | |
| 1981 | 韓国 | |
| 1992 | 台湾 | |
| 1999 | タイ | ←アジア通貨危機 |
| 2000 | インドネシア | |
| 2005 | ベトナム | ←市場経済化 |
| 2006 | シンガポール | |
| 2008 | 中国 | |
| 2009-11 | インド | ←ASEAN市場統合 |
| 2012 | マレーシア | |
| 2013 | 香港 | |
| 2015 | フィリピン | |

2005以降，EU競争法の影響が大きい

◆「東アジアモデル／雁行モデル」「護送船団方式」

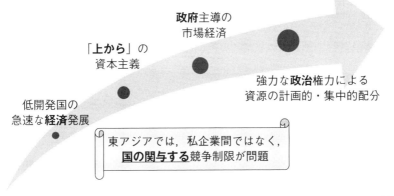

政府主導の
市場経済

「上から」の
資本主義

強力な政治権力による
資源の計画的・集中的配分

低開発国の
急速な経済発展

東アジアでは，私企業間ではなく，
国の関与する競争制限が問題

139

## 3　日本の独禁法はガラパゴス的

　日本の独禁法の過去の変遷は，現在のアジア新興国の競争法の参考になります。

### ■日本の独禁法は独特 ── 3本柱以外の規制

　日本の独禁法は，アメリカ・カナダに続き，世界で3番目に古い競争法です。占領下の昭和22年（憲法や国会法制定前）にGHQの圧力下で制定されました。時期尚早に制定された経緯のせいか，世界基準とは離れた独特のガラパゴス的な部分があります。

　具体的には，日本の独禁法は，世界標準の競争法の3本柱以外に，「不公正な取引方法」を禁じています（独禁法19条）。ここでは，市場シェアが大きい場合の「支配」的地位を濫用することのみならず，市場シェアを問わずに「優越」的な地位を濫用する場合までを禁じています（大きな業者ではなくとも，下請業者に対して優越的地位を濫用すれば，規制対象となるということです）。

　このような，「3本柱以外の規制」を行っている国としては，日本以外に韓国，台湾，タイ，ベトナムなどがあります。

### ■日本の独禁法制の変遷 ── 古くて新しい

　高度経済成長時代に競争政策よりも産業政策を優先した日本は，独禁法を伝統的に軽視してきました。敗戦の復興から立ち直るべく，重化学工業を意図的に保護して国際競争力を強化し，官民一体で経済発展を優先したのです。基幹産業を寡占化して護送船団方式を組みました（東アジアモデル）。この時代，独禁法は名ばかりで執行されない「冬の時代」で，公取委は「吠えない番犬」と揶揄されました。

　しかし，1980年代以降，冷戦の終焉と経済のグローバル化・貿易自由化の波に従い，欧米との貿易摩擦が問題となり，経済憲法としての競争法の重要性が認識されました。何度も日本の独禁法が改正され，日本人の談合体質にもメスが入りました。

　このように，日本の独禁法は「古いけど（執行は）新しい」のです。

### ■令和元年の独禁法改正——日本版秘匿特権

　課徴金減免制度が柔軟になったほか（第6章⑪参照），日本版の弁護士秘匿特権（判別手続）の文書管理などが定められました。弁護士との連絡は，「公取審査規則特定通信」などと明記して，区別して保管しておきましょう。

#### ◆日本独禁法の基本体系 —— ガラパゴス化

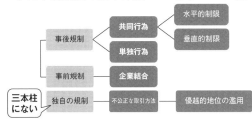

#### ◆競争法の構造比較 —— 日中米欧

| 規制種類 | | | 日本 | 中国 | 米国 | EU |
|---|---|---|---|---|---|---|
| 事後 | 共同 | 水平的 | 不当な取引制限（3）<br>事業者団体（8） | 水平的独占協定（13）<br>業種協会（16） | 不当な取引制限<br>（シャーマン1） | 共同行為（101） |
| | | 垂直的 | **不公正な取引方法（19）** | 垂直的独占協定（14） | | |
| | 単独 | 排除 | 私的独占（3） | **市場支配的地位の濫用（17）** | 独占化<br>（シャーマン2） | **市場支配的地位の濫用（102）** |
| | | 支配 | **不公正な取引方法（19）** | | **なし\*** | |
| 事前 | 企業結合 | | 4章 | 4章 | クレイトン7,7A | 企業集中規制 |

（　）内の数字は各国法の条文番号
\*連邦取引委員会5条「不公正な競争方法」

#### ◆「支配的」地位と「優越的」地位

# 4 カルテルとは

競争法で最も問題となるカルテルの意義を確認しましょう。

## ■カルテルの分類と規制

(1) ハードコア・カルテル

　ハードコア・カルテルとは，価格協定や入札談合等の競争制限以外の目的効果を持たないカルテルです。アメリカでは，違法性が強いため，当然に違法（per se illegal）とされています。

　一方，アジアでは，国内経済に好影響を及ぼすときなどにカルテルを許容することもあります。当局の恣意が働く玉虫色の解決の余地が残っています。

(2) 非ハードコア類型

　共同研究開発（水平的制限）や再販価格設定（垂直的制限）のような非ハードコア類型のカルテルは，アメリカでも当然に違法とはされず，ケース・バイ・ケースで，「合理の原則」（rule of reason）に従って違法性が判断されます。

## ■反倫理的と言い切れない

　カルテルの特徴は，他の不正と異なり，必ずしも反倫理的・反道徳的とは言い切れない点です。「大手からの不当な値下げ圧力に対抗する」という（少なくとも一見して）正当な理由づけができ，カルテルをする当事者が「会社のために」確信犯的に行うときもあります。会社内の忖度文化に浸かってしまうと，「社会のため」にならないという第三者的視点からの俯瞰・メタ認知がなかなかできないのです（第2章⑨参照）。

　そのため，カルテルの違法性と危険性に対しては，より強く意識づけ（具体的にはカルテルの違法性に重点を置いたコンプライアンス研修・教育）をする必要があります。

## ■カルテルに対する制裁

　国によって，刑事罰なのか行政罰なのか異なります。それ以外に，民事賠償のリスクもあります。

⑴ アメリカ

　刑事罰であり，行政罰はありません。刑事罰なので「罰金」と表現します。

⑵ EU

　行政罰であり，刑事罰はありません（EU各国法は別）。行政罰なので「制裁金」と表現します。

⑶ 日本

　行政罰も刑事罰も両方あり，二重処罰のおそれが批判されています。このように両方で規制するのは，日本の他には韓国しかありません。

### ◆カルテル（①共同行為）規制 —— 米国をモデルに

| ハードコア | 当然違法<br>per se illegal | 価格カルテル | |
|---|---|---|---|
| | | 数量カルテル | |
| | | 市場分割 | |
| | | 入札談合 | |
| それ以外 | 合理の原則<br>rule of reason | 水平的制限 | 共同研究開発 |
| | | | 共同生産販売 |
| | | | 生産の受委託など |
| | | 垂直的制限 | 再販価格設定 |
| | | | 抱き合わせ |
| | | | 排他条件付取引など |

### ◆カルテルに対する制裁

143

## 5　海外カルテルの特殊性

日本と比べ，海外のカルテルのほうが広く成立し，厳しいといえます。

### ■カルテルが成立しやすい

(1)　カルテルの成立要件

　海外のカルテルは日本人が想像するより成立しやすいです。日本と同様，黙示の合意や単なる価格レンジの意見交換などもカルテルです。黙示の合意の立証方法として，事後的な行動などの間接事実からの推認が広く用いられるため，「怪しい事情」一般が証拠になります。

　例えば，競合他社の担当者と接触しただけでも違法な情報交換をしたと見られるおそれもあります。立ち話をしただけ，違法目的のないメールのやりとりだけとか，競合他社と直接に連絡しなくても，仲介者を通じた情報共有（ハブ・アンド・スポーク）の仕組みが成立するだけで，カルテルと認定されかねません。

(2)　日本人の談合体質

　海外で日本人はどうしてもつるみがちです。日本語で意思疎通できて楽だからです。日本人の特徴として協調性を好む「談合体質」がDNAとして備わっているといえます。

　例えば，系列（Keiretsu）や事業者団体は，海外からは「カルテルの温床」と見られがちです。KeiretsuはSushiとかHarakiriと同様に英語としてWikipediaに載っています。それくらい「海外ではあり得ない」からです。

### ■制裁が厳しい

(1)　制裁金が高額

　世界ではEUから制裁金を受けたダイムラーの1,250億円が最大で，日系企業でも約700億円の損害を蒙っています。

　また，EUでは，子会社のカルテルに決定的な影響力を与えている親会社まで連帯責任を負います。

(2)　個人の罰則

　会社のみならず，個人も実際に実刑となります。2010年代の自動車部品カ

ルテルでは，60数名が起訴され，約30名の日本人が平均 2 年弱，アメリカ西海岸の刑務所暮らしをしました。残り約30名は，海外へ渡るとアメリカへ強制送還され得るため，日本でまだ「潜伏生活」を送っています。

(3)　海外当局への調査協力

　日本の公取委に対してよりも，強く海外競争当局への協力が要請され得ます。非協力的だと減免効果が望めません。

**◆海外カルテルの危険**

### カルテルの成立要件が広い

・間接的な事実・証拠が広くカルテル認定に使われる。
・「怪しい」だけでカルテルと認定されかねない。

### 日本人がつるみやすい

・Keiretsuは英語になっている。
・談合体質。

### 厳罰

・1,000億円級。
・個人も刑務所に。

6 ## カルテル違反の影響

　カルテルに違反した場合の悪影響は計りしれません。代表的なものを以下
に挙げます。


### ■カルテル違反の悪影響

(1)　制裁金・罰金

　世界的にはダイムラーの1,250億円が，日本企業では最大で700億円です。

(2)　個人の責任追及

　アメリカの反トラスト法の個人に対する懲役は最大10年です（平均2年）。
昨今は，経営幹部の厳罰化傾向にあります。直接カルテルを行わなくても，
それを黙認していただけで「共謀」したと認定されかねません。

(3)　競争当局への苛烈な強力義務

　米国司法省から，こちらの都合を考慮せず，証拠提出を急ぎで求められた
りします。証拠隠滅には最長で20年の実刑が課せられます。

(4)　他国による重畳的な立件

　競争法の怖いところは，ある一国から制裁を受ければそれで終わりにはな
らないところです。カルテルの効果が他国にも及んだ場合，その他国から重
ねて罰せられるおそれもあります。


### ■カルテル捜査の「地獄」

　カルテル捜査の対象となると，「地獄」ともいうべき試練が待ち構えてい
ます。

(1)　渡航制限

　いわゆる国際ブラックリストに載るため，海外渡航ができなくなります。
子どもの結婚式が海外であろうと，娘が初孫を海外で出産しようと，海外に
行けません。しかも，守秘義務上，海外に行けない理由を家族に告げること
はできないという悲惨な目に遭ったりします。

(2)　コスト ── フォレンジック対応

　膨大な文書をデータ化するだけで一千万円単位のコストがかかったりしま
す。さらにそれを弁護士が精査する作業に，1か月で数千万円単位のコスト

がかかり得ます。AIがすべて代替できて安価になるにはまだ時間を要します。

◆最近の執行事件

◆カルテル捜査対応の「地獄」とは？

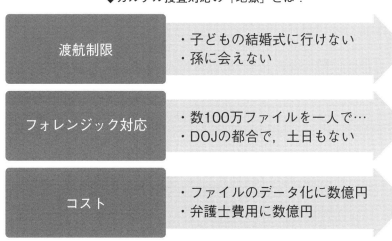

## 7　カルテル違反の国別リスク管理

　カルテルにおけるリスクベース・アプローチは，制裁金の額（市場の大き
さ）やリニエンシーから考えます。

### ■カルテル制裁金のグローバル・スタンダード

　カルテル違反の制裁金・罰金のグローバル・スタンダードは，国内売上の
10％です。例外的に，ブラジルで国内売上の20％だったり，「全世界」売上
の10％が上限だったりするような地域（EU，イギリス，ドイツ，フランス，
マレーシアなど）もあります。

　この国内売上を基準とした罰則があるため，カルテル違反の損害は，「国
内売上の規模」に比例します。端的には，アメリカ，EU，中国，日本，イ
ンドなどのマーケット規模の大きな国では，制裁金や罰金が，100億円単位
を超えたりします。

　一方，シンガポールなどの比較的マーケットが小さな国では，100億円を
超える罰金はなく，制裁金額は数億円程度にとどまっています。

### ■カルテルにおけるリスクベース・アプローチ

　このように，大国であれば損害は大きくなるので，リスクベース・アプ
ローチ（第1章④）としては，カルテル対象製品におけるカルテルの効果が
大国に及ぶ場合（端的には，その製品をマーケットの大きな国で販売する場
合）には，特にカルテル違反には注意すべきです。

### ■リニエンシーとリスク発生の可能性

　カルテル発生のおそれは，主に納入先からの価格下落の圧力が強ければ高
まります。実際，1999年の日産ゴーン社長のリバイバルプラン（ゴーン・
ショック）によるコストカット圧力が，2010年代の自動車部品カルテルの遠
因となりました。

　リスク発生のおそれが高まるもう1つの要素は，リニエンシーがあるかで
す。リニエンシーがある国（第6章⑪参照）は，カルテル情報が当局に漏れ
るインセンティブが働くため，リスク発生のおそれも高いです。

## ◆カルテル制裁金のグローバル・スタンダード

| 制裁金の上限 | | 国 |
|---|---|---|
| グローバル・スタンダード | 国内売上の10% | 日本，中国，インド，シンガポール，タイ，ベトナム，韓国，南ア |
| 例外1 | 世界売上の10% | EU,マレーシア |
| 例外2 | 国内売上の20% | ブラジル |
| 例外3 | 利益または損害の20% | アメリカ |
| 例外4 | 固定額 | インドネシア，フィリピン，台湾 |

## ◆リスク評価マトリックス —— 選択と集中

| 危険度2 | 危険度3 | 超危険 |
|---|---|---|
| 危険度1 | 危険度2 | 危険度3 |
| 比較的安全 | 危険度1 | 危険度2 |

↑ リスクの大きさ（国内売上・経済規模）

→ リスク発生の可能性（納入先からの，価格下落の圧力／**リニエンシー**）

費用と人材と手間暇を，ここに投下せよ！

# 8 カルテル対策

　日本の公取委は「研修，監査，危機管理」の3Kをカルテル防止対策と提唱していますが，外国競争法にはさらに強い対策が必要です。

## ■外国競争法対応の３本柱
　経済産業省が外国競争法に対応するための３本柱を提唱しています。

(1)　一体性

　グループ会社が一体となって統一的な対応をしましょう。EUでは子会社のカルテルにつき親会社が責任を負う場合もあります。

(2)　広汎性

　効果主義（第6章⑨参照）等により，広く海外の競争当局から調査を受けるおそれに備えましょう。

(3)　柔軟性

　各国の法制度に対応した柔軟な対応をしましょう。事前に各国のリニエンシー申請手続を調査しておきましょう。

## ■体制整備
　まずは以下のような体制を整備しましょう。

(1)　同業他社との接触ルール

　「李下に冠を正さず」が原則です。「怪しいこと」をしないだけではなく，「怪しいと思われそうなこと」自体を禁止しましょう。営業スタッフは同業他社と接触しないのが鉄則です。万一，接触する場合でも，接触の意義と日時等を事前決裁または事後報告としましょう。

　防衛策として，①接触者を管理職に限る，②会合の席次で同業他社との同じ組にならないように，事前に主催者に申し入れを行う，③懇親会やゴルフコンペへの参加を禁止する，④同業他社との会合でカルテルを匂わせる話題が出た場合，すぐ退席するのみならず，退席したことも記録に残すなども有効です。

(2)　記録保存

　証拠がデータ保存され，フォレンジック調査の対象となる現在では，証拠

が残っていないことは言い訳になりません。「証拠がない＝怪しい」です。
すべてを証拠化しましょう。

(3) 社内リニエンシー

調査協力すれば懲戒対象としない社内規程（社内リニエンシー）は，日本
でも海外進出企業の8割程度が導入しています。

### ■捜査時

日本では自分の犯罪の証拠隠滅は罪となりませんが，海外では，証拠隠滅
は重大な刑事罰です。コモンローの世界では偽証や証拠隠滅が大陸法（日
本）より厳罰視されています。

捜査対象となったからといって焦ってメール削除などをすると（そもそも，
メールは削除してもサーバーに残るので削除できないと考えるべきです），
多額の賠償と長期の刑務所送りになりうることを覚悟してください。

◆競争法コンプライアンス ── 3つのK（公取）

◆海外競争法対応の3本柱

# 9　競争法の管轄（域外適用）

　競争法の管轄（域外適用）はとても独特で，広く海外の競争法が適用されます。

## ■国際管轄の原則と例外

　国際管轄においては，属地主義を原則として，①属人主義と②効果主義の例外があります。

(1)　原則 —— 属地主義

　国際的な管轄のルールとして，属地主義（その国の犯罪はその国で処罰する）が原則です。

(2)　例外① —— 属人主義

　重要な犯罪は，国籍で判断されます。日本人が外国公務員に贈賄した場合，その贈賄場所がどこであれ，日本法（不正競争防止法）が適用されます（第5章⑤参照）。

(3)　例外② —— 効果主義

　競争法のみ，その行為の効果が及んだ地域の法律が適用されます。日本でカルテルを行った場合でも，その対象製品がアメリカで売られればアメリカ法，タイで売られればタイ法，欧州で売られればEU法がそれぞれ適用されます。

## ■効果主義 —— 外国法理解の必要性

　上記のとおり，競争法は，効果主義という管轄の例外が適用され，カルテルの効果が及んだ国の法律が適用されます（外国の法律が国境を超えて適用されるので，「域外適用」と表現されます）。そのため，競争法においては，海外の競争法についてもよく理解しておく必要性が高いです。

## ■重ねて適用されうる

　世界中で，競争法の域外適用は積極化されています。しかし，各国間の管轄権の抵触・重複は未調整のままです。あるカルテル行為に対してA国の競争法が適用されても，重複して（その効果が及ぶ）B国の競争法も適用され

るおそれがあります。同一行為に，複合的・重畳的に他国の競争法が適用されうるのです。そのため被害額が天文学的になり得ます。

　実際，2012年に矢崎総業が米国反トラスト法で負担した制裁金は360億円でしたが，EU,日本，中国，カナダ，ブラジル等からの制裁金等を合わせると約700億円の損害を蒙りました。

### ◆競争法の管轄（域外適用）

| 適用基準 | | 適用される法律の例 |
|---|---|---|
| 原則 | 場所 | 日本なら日本法 |
| 例外 ① **重要な犯罪**<br>例：外国公務員への贈賄 | 国籍 | 日本人なら日本法 |
| ② **カルテル** | 効果主義 | カルテルの**効果**が及んだ国の法律 |

## 10　競争法の厳しい執行

競争法の執行はとても厳しいです。

### ■最近の執行強化

新興国でも競争法が制定・改正され，ほとんどの国でリニエンシーが新設されていること，フォレンジック調査技術が発達していること，国際連携が強まっていること等から，最近は外国競争法違反に対する執行が強まっていると覚悟しましょう。

### ■競争法の国際司法連携

競争法の分野では，世界の競争当局が緊密な連携をしています。以下のようなネットワーク・制度を通じ，カルテル関連情報を共有し合っています。「当局はみんな知っている」と覚悟しましょう。

(1)　ICN（国際競争ネットワーク）

競争当局（日本では公取委）のネットワークです。

(2)　INTERPOL

国際警察です。ブラックリストに載った犯罪者情報を共有します。

(3)　その他

ASEAN，APEC，OECD等の国際組織や2国間協定によって，カルテル情報が共有されます。

### ■消滅時効には期待しない

競争法の消滅時効は日米欧いずれも5年です。しかし，競争法の世界では，消滅時効は「ない」ものと思ってしまったほうが安全です。競争当局が，カルテルの効果が継続している限り時効は完成しない等と考え，時効の起算点を恣意的に操作し，時効が完成していないという扱いをするおそれがあるからです。

ですから，昔の事件だからといって消滅時効期間が経過したから安全だと早合点することは危険です。

◆最近の執行強化

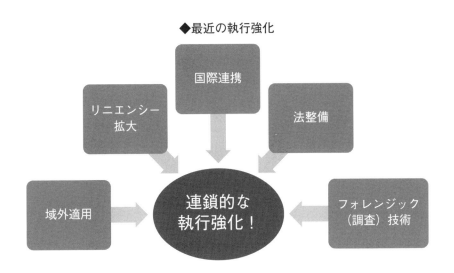

◆国際司法の連携「当局はみんな知っている」

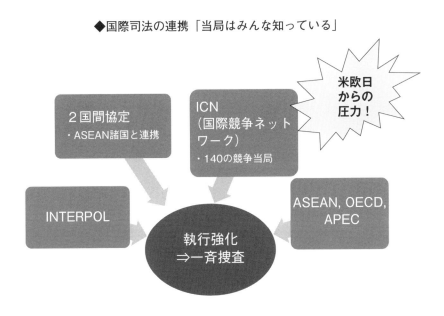

## 11　リニエンシー（課徴金減免）

　カルテル対策として，リニエンシー（課徴金減免）による制裁金・罰金の減免を最優先で理解しましょう。

### ■リニエンシーとは

　リニエンシーとは，密行性の高いカルテルについて，違反事実を申告した場合に刑の減免を受ける制度です。米国では「アムネスティ・プログラム」と呼ばれます。リニエンシーがある国では，カルテル違反の摘発リスクが高まります。

　米，EU，日，中，インド，シンガポール，マレーシア，ベトナム，タイ，ブラジル等，主要国ではほとんど制定されています。なお，インドネシアではガイドラインでは定められていますが，正式に法制化されていません。

### ■リニエンシーの効果

　多くの国では，リニエンシーの効果は任意的・裁量的な減免です。カルテル違反を自主申告しても，実際に刑の減免を受けることができるかは，当局の裁量に委ねられます。

　日本では，申請順位のみに従い減免される硬直的な制度が批判されていました。令和元年6月の独禁法改正で，申請順位のみならず，公取委の調査への協力度合いに応じて課徴金が最大40％加算して減算されることになりました。

### ■マーカー制度

　リニエンシーでは，カルテル違反事実を，何度目（何番目）に申告したか，その順序が極めて重要です。最初に申告すれば100％免除されるのに，2番目であれば50％の減免だったり（日本），全く減免を受けられなかったり（ブラジル等）するからです。

　そのため，カルテル違反の申告前に，弁護士に相談して調査したり書類を揃えたりして時間がかかってしまうと，申告順序が遅れて致命的な打撃を受けます。実際，数時間の申請の遅れで巨額の損害を蒙った企業もあります。

　そのような事態を避けるために，多くの国では「マーカー制度」を設け，申告順序をキープするための簡易な申立てを受け付けています。EU，インド，シンガポール，マレーシア等でマーカー制度が設けられています。

### ◆各国のリニエンシー（課徴金減免）率

| | 調査開始前* | | | 調査開始後 | | |
|---|---|---|---|---|---|---|
| | 1位 | 2位 | 3位 | 1位 | 2位 | 3位 |
| 米国 | 100 | 司法取引？ | 司法取引？ | 100 | 司法取引？ | 司法取引？ |
| EU | 100 | 30-50 | 20-30 | 30-50 | 20-30 | -20 |
| 日本 | 100 | 50 | 30 | 100 | 20** | 10** |
| ブラジル | 33-66 | 0 | 0 | 33-66 | 0 | 0 |
| インド | 100 | 50 | 30 | 0 | 0 | 0 |
| シンガポール | 100 | 50 | | 100 | 50 | |
| ベトナム | 100 | 60 | 40 | 0 | 0 | 0 |
| マレーシア | 100まで | | | | | |
| タイ | 規定なし | | | | | |

| | 価格 | | | 非価格 | | |
|---|---|---|---|---|---|---|
| | 1位 | 2位 | 3位 | 1位 | 2位 | 3位 |
| 中国 | 100 | 50以上 | 50以下 | 100 | ？ | ？ |

*インドについては「事務局長からの報告が委員会に提出される前」
**協力による上乗せ　+最大40%

## 12　リニエンシーを利用すべきか

　リニエンシー申請をしても減免効果が得られるかは不明な国が多いため，リニエンシーを利用すべきかの判断は難しいですが，基本的には利用すべきです。

### ■リニエンシーを利用すべき要素

　以下の2要素は，リニエンシーを利用すべき方向に働きます。

(1)　株主代表訴訟

　上場会社の場合にこのリスクが高まります。「リニエンシーを利用しない」という経営判断が，取締役の善管注意義務違反に該当しないかを吟味しましょう。実際，住友電工の取締役がリニエンシーを利用しなかったために善管注意義務違反があったとして代表訴訟で争われ，5億円超の和解金を支払う羽目になりました。リニエンシーを利用しないことで代表訴訟を提訴されるリスクがある場合，リニエンシーを迷わず利用する企業が多いです。

(2)　民事賠償リスク

　アメリカでは，損害額の3倍の懲罰的民事損害賠償が認められており，カルテル違反が露見したときの賠償リスクがとても大きいです。

　リニエンシーをすればこの賠償責任を免れるわけではないですが，「リニエンシー申請をしないためにリニエンシーの恩恵を受けられなかった」部分は，より強く賠償対象となります。

### ■リニエンシーを利用したくない要素

　以下の3要素は，利用すべきではないという方向に働きます。

(1)　減免効果が確実か —— 各国法

　日本のように，リニエンシーにより必要的に減免されるのであればともかく，他国のように，リニエンシーの効果が任意的・裁量的である場合は，やはり二の足を踏んでしまいます。まずは各国のリニエンシーの効果を把握しましょう。

(2)　予後効果 —— 捜査協力

　競争当局への捜査協力はとても大きな負担です。フォレンジック調査など

に，数千万円のランニングコストがかかったりします。捜査対象者は海外に
行けない等の，「地獄」が待ち受けていると覚悟しましょう（第6章6参照）。

(3)　レピュテーションリスク

　特に対消費者ビジネスの場合，SNS全盛の昨今，かつてよりもレピュテー
ションリスクは大きくなっています。

◆リニエンシーを利用すべきか？

| 利用すべき | 利用しない |
|---|---|
| ・代表訴訟のリスク<br>・民事賠償リスク | ・捜査協力リスク<br>・減免効果が不明<br>・レピュテーションリスク |

## 13　その他 ── 単独行為と企業結合

　これまで，競争法3本柱（第6章□参照）のうち，1本目の柱であるカルテルを見てきました。それ以外の競争法の規定を簡単に紹介します。

### ■2本目の柱 ── 単独行為（市場的支配の濫用）規制
　多くの国で，1社のみなら市場シェアがどれくらい，3社の共同事業なら市場シェアがどれくらい，のような規制を置いています。ただ，その国で30％くらいの市場シェアを得ていないのであれば，（日本の下請法や優越的地位の濫用禁止のような規制には別途注意を要するとしても）あまり気にする必要がありません。

(1)　市場シェアの程度
　ベトナムの旧法では，市場シェアが30％以上というとても低い基準で支配関係を認定されることがあり，要注意でした。しかし，2019年の改正でその30％という下限は撤廃されました。

(2)　HHI指数
　米，EU，日，インドネシアなどでは，市場シェアを，ハーフィンダール・ハーシュマン指数（HHI）という「各社シェアの2乗の合計」で計算します。
　また，そもそも「市場」をどのように定義して分類するかも国や業種によって異なります。
　そのため，この市場的支配の濫用の分野では，各国の競争法専門弁護士の協力を仰ぎましょう。

### ■3本目の柱 ── 企業結合
　日本法的に考えると，「事前の義務的届出や許可」のみをイメージしがちです。もっとも，他国では，事後の届出で足りる国（インドネシア，インド）や，届出が任意で足りる国（シンガポール）があったりします。
　単に届出や許可の問題だけではなく，ガン・ジャンピング（陸上で言うところのフライング）規制にも気をつけましょう。結合する前の行為が競争を不当に制限するとして，100億円単位の罰金が課された事例もあります。

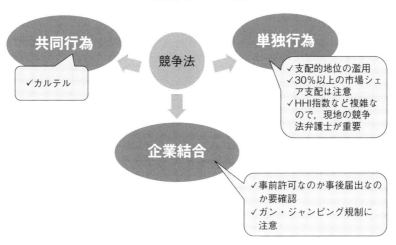

◆競争法の３本柱

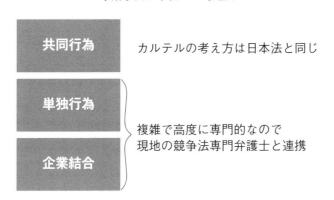

◆競争法３本柱への対処法

第 7 章

# 海外主要国
# の特徴

# 1　アメリカ

## ■概　況

　アメリカは，人権差別・性差別・セクハラに厳しく，LGBTQの流れも日本よりリベラルな地域が多いです。昭和の日本のような保守的な感覚をアメリカに持ち込まないようにしましょう。

## ■法制度・実務

　民事訴訟では，ディスカバリー（証拠開示）というコストがかかる制度があります。アメリカでの裁判を避けるため，管轄をアメリカでの裁判にしないように契約時にぎりぎりまで交渉しましょう。

　また，刑事・民事双方で陪審制になる場合があります。陪審員がアメリカ企業を優遇して，日本企業（日本人）へ不利な判断をするおそれもあります。

　アメリカ人弁護士の報酬は，一般的に日本人弁護士の 2 倍くらいします。例えば，ニューヨークの大手弁護士の初任給は20万米ドル（約2,200万円）です。案件によっては弁護士により費用に10倍程度の差が出るため，必ず相見積もりを取りましょう。

## ■労働法

　日本とは異なり，解雇に正当事由は不要です。この点では，同じく移民で成り立っているシンガポールやアルゼンチンと同じです。

　トランプ前政権時代には自国民の雇用保護のために，就労ビザが簡単に下りず，また，コロナウィルス蔓延によりさらにビザ発給が厳格化されました。ただ，バイデン政権になって緩和されつつあります。

## ■贈賄規制

　海外腐敗行為防止法（FCPA）が広く適用されます。米ドルやアメリカの銀行を利用しただけで，他国の贈賄でもアメリカの管轄が発生することがあります。毎年の執行件数は約15件です（調査件数は100件超で全世界の 3 分の 1 超）。2020年には，エアバスが英米仏当局との間で4,300億円の和解金を支払う合意をしました。日本企業でも2018年にパナソニックが310億円の制

裁金を支払いました。

　担当官の裁量がない日常的な行政活動（郵便物の集配等）については少額の支払がファシリテーション・ペイメントとして許されます。ただ，ファシリテーション・ペイメントと贈賄の区別は微妙なため，一律にファシリテーション・ペイメントを禁止する日本企業も多いです。

### ■競争法

　反トラスト法と呼ばれる競争法が厳しく適用されます。日本企業でも数百億円の罰金を課された企業があります。

(1)　個人の禁錮刑

　会社のみならず，個人にも刑罰が科せられます。実際，数年前は50人程度の日本人が刑務所に入っていました。平均禁錮期間は約2年です。

　証拠隠滅の禁錮刑は上限が20年です。捜査を受けてからデータを消去する「悪あがき」はやめましょう。

(2)　アムネスティ・プログラム（リニエンシー）

　捜査を受けている企業が他の事件につき自白すれば，摘発対象の事件についても減軽を受けるというアムネスティ・プラスをいわば「アメ」，捜査を受けている企業が他の事件につき自白しなかった場合にその事件の罪は加重されるというペナルティ・プラスをいわば「ムチ」として，硬軟織り交ぜてカルテル情報をできる限り吸い上げようとしています。

(3)　カーブアウト

　司法取引において，取引対象外として別途起訴されるおそれがある個人を特定することがあります。この手続を「カーブアウト」（直訳は「彫り出し」）と言います。特定個人を「彫り」出して，起訴の危険に晒す手続です。

### ■どんな人材を送るべきか

　人間関係や信頼関係の中で解決するというよりは，多様な人種・バックグラウンドの中で，明示的に「NO」と言える自己主張の強い人が向いています。

## 2　イギリス

### ■概　況

　イギリスは，2020年 1 月末にEUを離脱（ブレグジット）しました。ちょうどコロナウィルス蔓延の時期と重なったため，ブレグジットのイギリス経済への直接の影響はあまり見えていません。

### ■法制度・実務

　典型的なコモンロー国の特徴として，民法典はなく，判例法に従って判断します。また，「一筆書かせる」片務的な契約は無効です（第 1 章⑩参照）。契約締結時には，当事者双方の双務的な義務を記載しましょう。

　弁護士は，バリスター（法廷弁護士。依頼者と直接は会わない）とソリシター（事務弁護士。依頼者と直接対応する）の 2 つに分かれています。階級社会のイギリスは弁護士にも階級があり，上位 1 割は勅撰弁護士（Queen's counsel）といい， 1 日稼働すれば約100万円の弁護士費用がかかります（シンガポールも同様に上級弁護士を「シニアカウンセル」といいます）。なお，アジアでバリスターとソリシターに弁護士が分かれているのは香港のみです。

### ■労働法

　有給休暇は最大で28日あり，フランス・ドイツ・スペイン・ブラジルの30日に次いで多いです。イギリス人のパスポート保有率は国民の約 8 割であり（日本は 2 割強），年間海外旅行者は9,310万人もいます（日本は2,000万人，いずれも2019年）。この数値が示すように，多くの従業員が有給休暇を取ってスペイン等のリゾートに行くため，休日出勤してもらうことは期待できません。

### ■贈賄規制

　外国公務員に対する贈賄規制（UKBA）が，アメリカに次いで世界で 2 番目に多く摘発・執行されます。UKBAは，コンプライアンス態勢構築義務違反という不作為が処罰対象となったり，処罰根拠となる贈賄地域は無限定であったりする（世界中のどこの贈賄でもイギリス法が適用される）など，と

ても適用範囲が広いです。イギリスに拠点を有する日本企業にもUKBAは適用されます。ただ，実際にUKBAが日本企業に適用された事例はまだありません。

## ■競争法

ブレグジット以降，EU競争法は適用されず，イギリス競争法が適用されます。

ただ，イギリス競争法はEU競争法に似ていますし，ビジネスがEUに関連していれば結局のところEU競争法が適用されます。「イギリスのみに関連してEUには全く関連しない」ビジネスはさほど多くないことからすると，多くの事業にはEU競争法が適用されます。このように，EU競争法に関してはブレグジットの影響は少ないです。

## ■どんな人材を送るべきか

イギリス特有の曇天に耐えられる人のほか，遠回しな言い回しから本音を読み取る力に長けた京都人タイプの人や，イギリス人の高いプライドをくすぐっておねだりしたりメンツ（体面）を尊重したりすることが上手いタイプがお勧めです。「Would you mind if……」という柔らかい上品な表現ができる人を派遣しましょう。

## 3　中　国

### ■概　況

　徹底した感染対策のためにコロナウィルスをほぼ克服し，コロナ前の常態に戻りつつあります（2021年8月現在）。また，人件費高騰と米中貿易摩擦のため，中国投資から撤退して生産拠点を他国（ベトナム，タイ，フィリピン，インドネシア）へ移管する動きがあります。

### ■法制度

　一党独裁の共産党政権下にあり，三権分立及び司法権・裁判官の独立もありません。判例も他国のように拘束力を有さず，全人代のような国家機関の解釈が先例拘束性を有します。そのため，通達その他の共産党の動向に常に意識する必要があります。

### ■法実務

　裁判官が汚職をするリスクがあり，裁判所に対する信頼は低いので，中国国内の紛争解決でも仲裁を用いることがお勧めです。

　他国企業との国際契約では和訳があっても英語を正文とすることが一般ですが，多くの中国企業は中国語を正文とすることに固執します。中国語の正確な翻訳を入手して契約管理をしましょう。

### ■労働法

　地域ごとに法制度や運用は異なります。解雇手当は経済補償金と呼ばれ，勤務1年あたり1月分の給料分となることは世界標準に従っています。

　会社の技術や情報を盗まれるリスクを管理するため，機密保持契約や退職後の競業避止義務契約はきちんと締結しましょう。

### ■贈賄規制

　習近平主席が「虎も蝿も叩く」として厳しい汚職取締りを宣言しましたが，「清官三代」（クリーンな官僚でも子孫3代にわたり暮らせる潤沢な賄賂収入がある）という言葉に象徴されるように，中国から汚職を一掃することは容

易ではありません。特に，医療・薬品業界で汚職が多いです。

　個人の公務員への贈賄や商業賄賂は，1万元（約17万円）以下は訴追されないという訴追基準がありますが，現実問題としてこの数倍でも立件されないようです。この基準金額は他国と比べても高い（甘い）です。商業賄賂では，会計帳簿に記載されないことが賄賂に認定される重要な要素になります。

### ■月　餅

　月餅の供与なしには中国ビジネスを進めることは困難です。ただ，贈賄と認定されないために，時期を中秋節に限定し，換金性の低いものにして，金額や提供理由等を記録に残してください。

### ■競争法

　制裁金については，国内売上の10％という世界標準が当てはまり，国内市場規模が大きいため，1,000億円を超える制裁金を課されるおそれがあります。かつてはアリババ・テンセント等の国内大企業には独占禁止法をあえて適用しない国策を取っていましたが，最近はアリババが3,000億円の罰金を課されるなど，執行が活発になっています。

### ■どんな人材を送るべきか

　深圳の発達などに象徴されるように，驚くほど早いスピードで経済も社会も進化を遂げています。そのため，変化への感度が高く，素早く反応と順応ができる人が何より求められます。実際に足を運んで現在の中国人と会話せずに，先入観で「中国人は……」とレッテルを貼る人は向いていません。

　どの国にも当てはまりますが，中国人・中国社会の特性（例えば，面子の重視や親族優先主義）への感度が低く，日本のやり方に固執するタイプの人もお勧めできません。

# 4　タ　イ

## ■概　況

　タイは，発達した車産業のため「アジアのデトロイト」とも言われる
ASEANの雄です。日系企業の進出も東南アジアでは抜群に盛んで，「タイ
の製造業の半分は日系企業が占める」とも言われています。

　タイにいる日本人は10万人弱であり，他のASEAN諸国に比べると圧倒的
に多いです（ASEANで2位のシンガポールの約3倍です）。タイ語を操れ
ることを餌に日本人を食い物にしようとする日系企業ゴロも多いです。

　2014年のクーデターから2019年までは軍事政権でしたが，経済の混乱は少
なかったです。「タイ駐在者は『ク（K）ーデター，洪（K）水，通貨切（K）
り下げの3K』を経験しないと一人前といえない」と揶揄されるほど，タイ
ではクーデターが頻発します。

## ■法制度・実務

　会社法（民商法）の条文が177条しかないという「粗い」制度設計のため，
会社の組織変更や株主総会の運営方法等，グレーな部分が多いです。

　日本と異なり，私人が刑事訴追できます。つまり，検察官ではなく一般市
民が誰でも刑事訴追できます。そのため，債権回収を目的として，民事訴訟
ではなく（詐欺等を理由に）刑事訴訟を提訴することがあります。小切手の
不渡りは刑事罰になります。

　ストレスなく英語でコミュニケーションできるタイ弁護士は多くないです。

## ■労働法

　ジョブホッピング（頻繁な転職）が一般であり，世界で最も人材不足に悩
まされる国の1つです。高度人材の確保コストは高く，例えば，タイのトヨ
タは優秀なエンジニアに10か月分のボーナスを支払っています。少子高齢化
が進み，若い労働人口の流入が少ないためです。日本人1人につき4人のタ
イ人の雇用義務があります。

　「微笑みの国」タイでは，「マイペンライ（気にするな）」という表現での
んびりしたタイ人気質を表現します。ただ，笑顔の陰には，「NO」と言わず

何でも「YES」と言ってその場をやり過ごす腹黒い面従腹背の側面があったりします。

## ■贈賄規制

通関などではティーマネーと呼ばれる少額の金銭のやりとりが行われています。このような領収書のない金銭のやりとりを規制することも大事ですが，リスクベースアプローチの観点からすると，1億円を超えるようなインフラ関連プロジェクトのほうに重点を置いてリスク管理しましょう。現実問題として摘発されるのはこのような大きな案件が多いです。

贈賄の取締りでは，第5章⑤で述べたとおり，タイ国内法のみならず，日本の不正競争防止法やアメリカのFCPAなどの外国法が適用されるおそれもあります。

## ■競争法

2017年に改正取引競争法が施行され，カルテルの制裁金が「年間売上の10％」を基準にするという世界基準に従いました。

もっとも，競争法の執行は低調・不活発です。旧法制定後20年以上，実質的な執行事件はほとんどありません（2019年に市場的地位の濫用事例で久しぶりに摘発事例がありました）。

## ■どんな人材を送るべきか

営業マンはゴルフの上手な人がいいです。アジアでは最もゴルフが盛んな国で，バンコク周辺のゴルファーの半数が日本人と言われます。ゴルフ営業ではハンデがいいことが不文律として要求されます。

日本人男性が5年以上駐在すると，高い確率で特定の現地女性と良からぬ長期的な関係を結んでしまいます。家庭不安を抱える人や，タイに「居着いて」しまう危険のある人は要注意です。

## 5　シンガポール

### ■概　況

　シンガポールは日本を凌ぐ先進国であり，街で見かける車の約3台に1台は高級外車です。人口約500万人（うちシンガポール人350万人）は島内で飽和状態のため，日本から進出する場合のビザ（エンプロイメントパス）の発給要件は厳しくなっています。

　シンガポールの民族は，中国系が8割で，他はマレー系とインド系が各1割ほどです。「キアス」（シンガポール方言）と言われる，金にあざといというか「現金」な国民性が1つの特徴です。

### ■法制度

　旧英植民地なのでコモンロー（判例法）です。電子ファイリングやスマートフォンで操作可能な裁判期日の管理システムなど，法制度もIT化がとても進んでいます（日弁連等もシンガポールから学んでいます）。

### ■法実務

　裁判所及び現地弁護士のレベルは高いです。シンガポール弁護士には安心して任せることができるので，シンガポール関連法務の多くは，日本からリモートコントロールが可能です。

### ■労働法

　シンガポール労働法は，以下のとおり会社にとても有利です。

(1)　解雇自由

　解雇に正当な理由は不要です。これは柔軟な労働法制を用意して外資導入しやすくするためで，国策の1つです。アメリカやアルゼンチンも同様に移民の国なので解雇に正当事由は不要です。

(2)　解雇手当なし

　多くの他国と異なり，シンガポールでは解雇手当が不要です。

(3)　最低賃金なし

　ここ10年ほどで多くの国は最低賃金を定めるようになりましたが，シンガ

ポールには最低賃金はありません。

⑷　雇用法の適用除外あり

　いわゆる上級のホワイトカラーには，雇用法が制限的にしか適用されません。いわゆるホワイトカラー・エグゼンプションです。

⑸　ストも少ない

　その強権的な政策から「明るい北朝鮮」と揶揄されるシンガポールでは，ストライキを厳しく取り締まっています。ストライキは過去35年で２回しかありません。

### ■贈賄規制

　シンガポールは非常にクリーンな国です。取締機関CPIB（Corrupt Practices Investigation Bureau）が，憲兵隊のように毎年100件以上の厳しい取締りをしています。他に，高給を得ている公務員に，収賄をするインセンティブが少ないこともその理由です（官僚の初任給は年俸約1,000万円）。そのため，シンガポールの汚職事件の９割が非公務員による商業賄賂です。

### ■競争法

　EU競争法をモデルとした競争法が2006年から段階的に施行されています。ガイドラインも10数個あり，競争当局（CCCS: Competition and Consumer Commission of Singapore）の情報提供は充実しています。

　リニエンシー制度も充実しており，アメリカ的なリニエンシー・プラス制度もあります。

### ■どんな人材を送るべきか

　日本人１名を送るのに，給料その他経費込みで約3,000万円を投資することになります。それに見合うハイリターンを生み出せるエリート社員を送りましょう。蒸し暑さに強く，近隣の他国にすぐ行けるフットワークの軽い人がお勧めです。

# 6　インド

## ■概　況

　2021年8月現在，インドのコロナウィルス感染者は約3,300万人で，同ウィルスに基づく死亡者数は約44万人に上っています。ワクチン普及による安静化が待たれるところです。

　日本人はインド全土に1万人程度しかおらず，タイにいる日本人の約10分の1です。それくらい，（カレーばかりで新鮮な生野菜がない）インドの食事や文化的な障壁が日本人にはまだ大きいです。

　インドの1人あたりGDPはベトナム以下ですが，日系企業が相手にする「都市に住み，ワイシャツを着て，靴を履く」インド人の知的レベルはかなり高いです。

## ■法制度・実務

　インドは旧英植民地なのでコモンロー（判例法）であり，連邦国家のため州ごとに規制が異なります。

　裁判は極めて長期化するおそれがあります。最高裁まで行くと10年かかります。裁判が長いのは，裁判件数に比して裁判官の数が圧倒的に少ないという構造的な原因のためです。

　インド人の英語は聴き取りづらいことが多いです。例えば，Marketが「マルキ」，Armyが「アルミ」と発音されたりします。

## ■労働法

(1)　法改正

　日本の労働基準法のような労働基本法がなく，工場法などの多くの複雑な法律が適用されていました。2020年までに，29の連邦労働法が賃金法，労使関係法，社会保障法，労働安全衛生法の4つにまとめられました。

(2)　ワークマン／ノンワークマンの区別

　労働者を2分して，経営者に近い労働者（ノンワークマン）には，労働法の全部または一部を適用しないという旧英植民地によくある制度となっています。

(3)　解雇が困難

　世界で最も解雇が困難な国の1つです。特に，いわゆる単純ブルーカラーのワークマンは，「いったん雇ってしまうと永遠に解雇できない」と言われています。

(4)　労使紛争に注意

　賃金上昇率が依然として高いため，ストライキも多いです（第1章③参照）。

(5)　カースト制

　カースト制のために身分上できない仕事があったりします。ある身分の人は一定以上のポストにつけないという「ガラスの天井」は設けざるを得ないところがあります。

■贈賄規制

　世界最大の民主主義国家ですが，政治家は選挙で当選するために湯水のようにお金を使い，当選後に投下資本を収賄という形で回収するという悪循環があります。正確な統計はありませんが「現職政治家の半数以上が汚職の前科者」とも言われています。

■競争法

　EU競争法をモデルに，2002年から2011年にかけて段階的に競争法が施行されました。カルテルの制裁金は市場規模に連動するため，インド市場規模の拡大に伴って制裁金も高額化しています。日系企業が数百億円単位の制裁金を課された事例もあります。

■どんな人材を送るべきか

　インド人はとにかくよくしゃべるので，しゃべり負けないために関西系の人を送る日本企業が多いです。

　インド人の血液型はB型が多いです。「No」と言わずに安請け合いする文化もあります。そのためか，「A型で真面目な東京の人」はインドが肌に合わなかったりします。

# 7　インドネシア

## ■概　況

インドネシアの四輪自動車の96％，二輪車（バイク）の99％が日本製で，世界で最も日本車比率が高い国です。

2019年に16キロの地下鉄がようやく開通しましたが，ジャカルタの渋滞はダッカと並んで世界最悪レベルです。

「ムシャワラ」という対話で柔軟に解決する文化があるため，堅い法律の執行とのバランスを上手く取ることが求められます。

## ■法制度

約400年のオランダ植民地の経験があるため大陸法です。自国産業保護の要請が強いため，外資規制は複雑です。左翼政権時に制定された労働法は労働者よりに設計されています。

もっとも，2020年11月，投資を促進するオムニバス法が施行され，既存の70以上の法律が外資を優遇する方向で改定されています。

## ■法実務

世界で最も裁判が汚職している国の1つです。例えば，丸紅が「最高裁で勝訴したのに，一事不再理の原則に違反して同事件で提訴され，今度は敗訴する」という目に遭い，その「泥沼裁判」を15年も強いられています（グヌンスギ訴訟）。何があってもインドネシアでの裁判を避けるべく，契約書には仲裁条項を設けましょう。

ちなみに，インドネシア人の多くがVをFと発音します。ストレスなく英語でコミュニケーションできる弁護士はとても少ないです。

## ■労働法

労働組合が強力であり，急激な人件費上昇（地域によっては年率10％以上）があるため，ストライキが頻発します。インドネシアの賃金高騰に悩む日本企業は，アジア地域で他国に比べ最も多いです。

解雇は日本と同様かそれ以上に困難です。また，解雇事由等に応じて4種

類の複雑な法定の解雇手当があるため，解雇コストはとても高いです。ただ，2020年のオムニバス法で解雇手当が一部減額されました。

家族を大事にするムスリム・マレー系文化が，日本とは大きく異なります。この家族至上主義的な価値観に日本企業が頭を悩ませられることが多いです。

### ■贈賄規制

高度経済成長に追いつかない公務員の低給料や，利用権や建築権などが絡む複雑な土地制度が汚職の温床になっています。

KPKと略称される汚職取締機関がありますが，最もクリーンであるべきKPK長官が汚職関連の殺人罪で懲役18年の刑に処され，「ミイラ取りがミイラに」なったりしています。

### ■競争法

1999年制定の独占禁止法の摘発はASEANで最も活発であり，賠償金も数十億円の高額になることがあります。

競争当局が捜査不足のまま摘発してしまう濫用的な摘発もあります。被摘発企業が競争当局を被告として裁判をして，勝訴率が50％だったこともありました。これは，「正当なことをしていても，不条理に当局から摘発されうる」というカントリーリスクの1つです。

### ■どんな人材を送るべきか

仕事の打ち合わせよりイスラム教のお祈りを優先する価値観を受け入れて共存できる柔軟な性格がまず求められます。

インドネシア人の多くは，おしゃべりをすることでお互いを知り仲良くなります。日本人の気持ちを「察して」くれることを期待せず，コミュニケーションを取ることが好きな明るいタイプが求められます。

宗教色の強い地域の行事で供されるインドネシア料理を食べ続けることに耐えられる味覚の嗜好性も重要です。

## 8　ベトナム

### ■概　況

　約1億人の人口と，勤勉な国民性が人気の国です。米中貿易摩擦の影響で，ベトナムに生産工場をシフトする動きがあります。中国と同様，共産主義体制は合理的な予測可能性に欠ける側面はありますが，安定政権であるためカントリーリスクは少ないともいえます。

### ■法制度

　中国に類似した法構造となっています。2021年から新企業法及び新投資法が施行され，有限会社で監査役設置が任意になったり，スタートアップ企業の会社設立が容易になったりするなど，投資を促進する方向でより利用しやすくなりました。

### ■法実務

　会社設立に要するコストと時間は世界標準では約50万円＋1か月ですが，ベトナムのような共産主義国では，100〜200万円＋半年から1年を覚悟しましょう。当局との折衝が大変で，窓口によって対応が異なったりするために苦労します。

　ベトナム語訛りの英語は聴き取りにくく，ストレスなく英語でコミュニケーションできるベトナム人弁護士は多くありません。

### ■労働実務

　共産主義国のため労働組合の影響が強く，また，賃金上昇率が高いため，ストライキは多いです。

　1人あたりGDPが日本の約20分の1のため，日本と異なり，若者が一人暮らしをする経済的余裕はありません。ベトナム人の多くは，核家族ではなく，複数世代（多くは祖父母との三世代）で居住します。そのため，労務管理や異動等でも，同居する親族の意向が影響します。逆に，従業員の家族にまで福利厚生対象を広げると，従業員の満足度が上がります。

## ■贈賄規制

　刑法では200万ドン（約１万円）以上の利益供与を賄賂と定義していますが，同金額未満でも複数回の贈賄等は処罰対象です。2019年の改正汚職防止法で商業賄賂も規制対象となりました。その他に以下の特徴があります。

⑴　逆ピラミッド構造

　末端公務員が収賄した金銭が自分の利益になるのではなく，上級公務員の懐に多く入るという「逆ピラミッド」の因習的な構造があります。これがベトナムから汚職がなくならない原因の１つです。

⑵　レッド・インボイス（Red Invoice：公式領収書）

　レッド・インボイスと呼ばれる文字どおり「赤い」公式な領収書（近年中に電子化予定）しか税務申告に利用できません。これが経理処理の複雑さを生み，二重帳簿（真の帳簿と裏帳簿），三重帳簿（真の帳簿と，確定申告用と，親会社報告用）を生む土壌になっています。

## ■競争法

　2019年７月に新競争法が施行され，リニエンシー制度が創設されました。EU競争法に似たこの新競争法に他国と異なる大きな特徴はなく，カルテルの執行もそれほど厳しくありません。

## ■どんな人材を送るべきか

　ベトナム人の特性は「器用，勤勉，近視眼的，かかあ天下」の「４K」と言われます。中長期的な視点と適度な従業員満足度（向学心を満たすスキルアップ）を与えて，転職を未然に防ぐような計画的労務管理が必要です。仏教国である点が日本と文化的に共通するため，イスラム教国であるインドネシアに比べてはるかに労務管理がしやすいです。

　とはいえ，時間に関するルーズさや，笑顔の陰に隠されたプライドの高さ（なかなか本音を見せない点）は他の東南アジア諸国と共通します。裏の本音をきちんと汲み取ってケアできる人材が望まれます。

# 9　マレーシア

## ■概　況

　英語が使え，安価に暮らせることから，日本の退職者が老後を暮らす国として，マレーシアは10年以上連続して一番人気です。

　マレー系を優遇するブミプトラ政策を採用しており，世界で唯一「合法的に人種差別」をしている国です。政治はマレー系民族が支配し，ビジネスの世界では，中国系かインド系が力を握っています。

　マレーシアのイスラム教は，インドネシアより厳格です。ヒジャブと言われる黒い布で身体を被っている女性比率もインドネシアより多いです。

　天然資源が豊富で，気候がよく，自然災害が少ないことと，家庭を重視するマレー・ムスリム系の文化のため，（製造業やサービス業等で）創意工夫をして付加価値を創出する活動には向いていないとされています。

## ■法制度・実務

　旧英植民地なので，コモンロー（判例法）です。制度は比較的しっかりしていますが，その運用はシンガポールほど厳格ではありません。

　マレーシア弁護士（多くはインド系か中国系で，マレー系はほとんどいません）は英語ができますし，シンガポールに次いで優秀な人材がいるため，コミュニケーションのストレスがほとんどありません。

## ■労働実務

　旧英植民地に多くあるように，上級の労働者はそもそも雇用法の適用を受けません（ホワイトカラー・エグゼンプション）。

　ビジネスでは，中国系かインド系が上に立ち，その下で事務作業をマレー系が行うという鮮やかな分化構造となっています。他国でもそうですが，マレー系のイスラム教徒はあまり向上心が高くないこともあり，ブルーカラーワーカーに多いです。このような民族構造のため，マレーシアの人一般を簡単に「マレーシア人」と括って考えることはできません。

## ■贈賄規制

　ナジブ元首相が850億円超の蓄財疑惑で2020年に有罪となったことから分かるように，汚職リスクは高いです。マレー系優遇政策のため，入札事業にはマレー系ブローカーが暗躍する点も汚職の一因です。

　2020年6月施行の改正汚職防止法は，法人が贈賄を行った場合の取締役の個人責任（20年以下の禁錮刑）を認める一方，企業が適切な贈賄防止のためのコンプライアンス手続を導入している場合に免責を認めています。

## ■競争法

　2012年に施行された競争法の執行は活発とはいえません。

　カルテルの罰則・制裁金は「国内」売上の10％が世界標準といえますが，EUと同様，マレーシアでは「全世界」売上の10％が基準です。

## ■どんな人材を送るべきか

　マレー系6割，中国系3割，インド系1割の多民族が交わらずモザイク的に分布する社会構造の中，各民族の文化的背景を尊重して柔軟に対応するバランス感覚は必要です。

　他の新興国同様，仕事よりプライベートを優先して有給休暇を完全消化する文化です。常に誰かが有給休暇を取っている状態で，仕事の遅延理由として有給休暇が正当な理由とされます。そのため，スケジュールどおりに物事が進まないことが多く，この非計画性に耐えられる忍耐力と柔軟性と包容力は必須です。

## 10　フィリピン

### ■概　況

　数十年前はアジア開発銀行本部がマニラに置かれるほど，フィリピンは
ASEANの雄でした。政治が財閥をコントロールできず，期待したほど経済
も伸びませんでしたが，近年は安定成長路線にあります。

　離婚をできない厳格なカトリック教徒が８割を占めます。出生率がASEAN
で唯一，女性１人あたり３を超えています。国民の平均年齢が24歳と日本の
約半分の若さで，毎年200万人のペースで人口が増加しています（第１章①
参照）。

　日本から距離的に近く，英語も話せて，人件費も安く（ベトナムやインド
ネシア以下），PEZA（フィリピン経済特区庁）などの税制優遇制度もあり
ます。

　治安も日本で想像するほど悪くありません。それでも日本からの投資がな
かなか活発にならないのは，1986年の若王子事件（三井物産マニラ支店長誘
拐事件）のトラウマで，ネガティブな偏見が日本人に刷り込まれているから
かもしれません。製造業が育っていないため部材の現地調達が困難で，理系
の大学が少ないために技術者の確保が困難というデメリットもあります。

### ■法制度・実務

　300年超のスペイン植民地経験があるため基本的にシビルロー（大陸法）
ですが，20世紀前半はアメリカの植民地だったため，コモンロー（判例法）
とも融合しています。

　弁護士はみな英語ができるため，コミュニケーションはしやすいです。

### ■労働法

　フィリピンでは，毎月２回の給料支払や，クリスマス前には１か月分の法
定賞与の支払義務がある（合計で13か月分の給料を支払うことになる）など，
やや特殊な制度があります。従業員の意思に反する配転が，判例上「みなし
解雇」として認定されるおそれもあります。

　国民性は優しく，日本子会社の技術がフィリピン人に盗まれるという話も

聞いたことがありません。

## ■贈賄規制

フィリピンでは，マカティ（日本でいう丸の内）地区を支配するスペイン系アヤラ財閥等の財閥の勢力が強く，「1％の財閥が99％の富を支配している」と言われます。そのためか，汚職防止法や大統領令等で汚職取締りを目指しているものの，なかなか汚職がなくなりません。

## ■競争法

2015年に初めて競争法が施行され，翌2016年に競争当局が設置されましたが，まだ芳しい執行実績は上がっていません。国際競争力を高めるために自国産業保護を優先している状況です。

## ■どんな人材を送るべきか

陽気で明るくホスピタリティがあるフィリピン人と合うという意味では陽気な関西人は適切かもしれません。のんびりしたフィリピン気質（急かされるのを嫌います）は沖縄人と共通します。

他の東南アジア諸国と共通しますが，陽気な陰でフィリピン人は秘めたプライドが高いことが多いです。部下の指導を他人の面前で行うことは，「Lose faceだ（面目を失った）！」と大問題になるためご法度です。

日本人男性と結婚する現地女性が多く，母親の日本語教育が不得手なためか，日本人学校の教育レベルはアジア最低と言われています。

## 11　ブラジル

### ■概　況

2021年8月現在でコロナウィルス感染者が2,100万人で死亡者数が58万人です。日本から最も遠い地域にあることもあり，今後の人の往来と活発なビジネスの復活が懸念されます。

### ■法制度・実務

旧宗主国はポルトガルなのでシビルロー（大陸法）です。

ブラジルの弁護士数は123万人で，日本（弁護士数約4万人）の約30倍です。人口あたりの弁護士数は，以下の表のとおり，アメリカを凌いで世界で最も多いです。

| | 人口 | 弁護士数 | 弁護士1名あたりの国民 |
|---|---|---|---|
| 日本 | 1.2億 | 4万 | 3,000人 |
| アメリカ | 3.3億 | 125万 | 260人 |
| ブラジル | 2.1億 | 123万 | 170人 |

### ■労働法

移民で成り立つアメリカ・アルゼンチン・シンガポールと同様，解雇に正当事由は不要です。有給休暇の日数は最大30日であり，ドイツ・スペイン・フランスと並んで世界最多です。

弁護士があふれているせいか，労働者が会社を訴える労務訴訟が多いです。これはブラジル特有のリスクの1つです。従業員の3分の2以上はブラジル人労働者でなければならないという規制もあります。

### ■贈賄規制

腐敗防止法上の課徴金額の算定において，前年の企業収入の20％までが損害になり得ます。「金持ち企業から歳入を上げよう」というブラジル政府の魂胆が垣間見え，1つの「ブラジルリスク」といえます。もっとも，コンプライアンスプログラムがあれば免責の余地があります。

公用語がポルトガル語であるため，日本人には言語障壁が高いです。その

障壁を悪用するエージェント（コンサルティング業者）が暗躍することがあるため，エージェントを通じた贈賄をしないように事前にエージェントからの誓約書入手に努めましょう（第5章⑧参照）。

　また，ブラジルの関連会社と日本本社との間のコミュニケーションがアメリカ拠点を経由する場合，アメリカのFCPAの管轄が発生するリスクもあります（第5章⑤参照）。

### ■競争法

　競争保護法が2011年に全面改正されました。課徴金の上限は，総売上高の「20％」です。国内売上の10％が世界標準とされる中，やや高めの上限です。

　アメリカのアムネスティ・プラス同様の「リニエンシー・プラス」制度があり，当局が知らない別件につき申告した場合，その別件の完全免責を受けうるのみならず，調査中の事件についても3分の1の減免を受けられます。

### ■どんな人材を送るべきか

　日本の真裏に位置するため，頻繁な往来はできません。物理的に遠いゆえに心理的・危機管理的にも管理が甘くなる傾向にあるため，自立して任せられる人材が向いています。

　ブラジルでは，ロジックよりエモーションを先行させてとにかく「アミーゴ（友人）」になることが上手くやっていくコツです。そのため，他国に比べても，オープンなコミュニケーションができてノリがいい人が重宝されます。

　治安は極めて悪いため，いざというときの危機管理・自己防衛能力（逃げ足）も重要です。

## 12　カンボジア

### ■概　況

　アンコール・ワットに象徴される数百年前のクメール王朝は東南アジア最大の栄華を誇っていましたが，内戦とポル・ポトによる何百万人の虐殺で国力が著しく衰えました。ポル・ポト時代の愚民政策（眼鏡をかけていたり，時計が読めたりするだけで虐殺されました）の残滓のため識字率が低く，約75％強にとどまります。

### ■法制度

　19世紀半ばからのフランス植民地の経験があるためシビルロー（大陸法）です。外資企業に進出してもらうことが国家の生存のために必要なため，外資規制は緩いです。諸外国からの支援を受けて法整備をしているため，支援元の法律の影響を受けます。例えば，2011年に成立した民法と民事訴訟法は，支援した日本の法律の影響が強いです。

### ■法実務

　法曹の質は一般に低いですし，裁判も公開されていません。そのため，法分野は極めて予測可能性が低いです。世界正義プロジェクト（WJP）発表の2020年法の支配ランキングでは，128か国中127位でした。

　不動産と株の売買には株主総会の全員一致の賛成が必要という不文律があり，これはカンボジア進出の最大の障害といえます。

### ■労働法

　識字率が約75％のため，マニュアルが読めないことによる低い労働生産性がネックです。実際，JETRO等の調査で，労働力の質を経営課題とした企業割合がアジア地域でカンボジアが最大となることがあります。

　年間約22日の祝日が有給休暇です。他に，有給休暇は原則として18日もあります。合計約40日もの有給の休暇があることになります。

　内戦の影響で障害者が多いため，100人以上の従業員がいれば1％以上の障害者雇用義務があります。また，50人以上の女性従業員がいれば，洋式ト

イレの設置義務があります。

　発展途上国にありがちですが，停電が多いです。工場が停電してラインが
停止すれば生産ができないため，多くの事業場では自家発電をしています。
この自家発電コストは通常電力の5倍くらいします。


### ■贈賄防止実務

　トランスペアレンシー・インターナショナルの2020年腐敗認識指数は180
か国中160位であり，東南アジアで最低です（バングラデシュやミャンマー
よりも低いです）。貧しい国では一般的ですが，米ドルが通貨として通用し
ています。そのため，アメリカのFCPAが管轄を有するおそれもあります
（第5章5参照）。


### ■競争法

　15年ほど前から何度もドラフトされて国会に提出されていますが，競争法
自体が制定されていません。自国産業を保護して国際競争力を育成するため
にあえて競争法を制定しないという国家生存戦略を取っているといえます。

　もっとも，カルテルの管轄は効果主義であるため（第6章9参照），カル
テルの効果がカンボジア以外に及べば，その国の法律が適用されます。


### ■どんな人材を送るべきか

　ラオス同様，文物が少ないため，日本と同様の生活レベルを維持すること
は期待できません。「食文化の発展と経済力は比例する」という例に漏れず，
カンボジア料理はお世辞にも美味しいとはいえないものが多いため，グルメ
の方は苦労します。親日的でのんびりしているため，ゆったりとした時間軸
で生活することに耐えられる方がお勧めです。

## 13　ミャンマー

### ■概　況

2011年ころの投資ブームがヤンゴンの賃料をシンガポール並みに高騰させていましたが，2021年2月の軍事クーデターがカントリーリスクを露見させました。外国商工会議所調べでは1割が事業終了を余儀なくされています。

水力発電に6割を依存して発電量も少ないため，乾季には停電が頻発し，自家発電装置が必須となります。この自家発電コストが，安い労働力コストのメリットをある程度減殺します。

### ■法制度

ミャンマーの法制度は極めて未成熟で，予測可能性が低いです。例えば，労働法の基本法はありません。知的財産権についても，長らく100年以上前の著作権法しか存在しませんでした。ただ，2019年に商標法，意匠法，特許法がようやく成立し，著作権法も約100年ぶりに改正されました。通達等の情報を得て暗中模索の中で舵取りをすることが求められます。

### ■法実務

コモンロー（判例法）とシビルロー（大陸法）の両方の側面を併せ持つとされています。英語を話す弁護士を探すことは苦労しません。

ただ，法律と実務の乖離は激しく，世界正義プロジェクト（WJP）発表の2020年法の支配ランキングでは128か国中112位にとどまりますし，世界銀行の「契約執行」（紛争解決までの時間・コストや司法手続の質）ランキングでは世界190国中187位にとどまります。

### ■労働法

日本の労働基準法のような基本法はなく，賃金支払法などの14の個別法があるのみです。

国民のリテラシーも低く，労務管理では日本では考えられないようなことで苦労します。例えば，建築現場の従業員が，セメントを無断で自宅に持ち帰って自宅の補強に使ってしまうという原始的な犯罪を行ったりします。

　末端労働者は英語を話せず，「タクシー」や「カレー」という簡単な英語も通じません。スーツを着たことがない人がスーツを作ったり，靴を履かない人が靴を作ったりするので，労働生産性はそれほど高くありません。

## ■贈賄規制

　2013年に汚職防止法が施行され，2016年の大統領府令では2,500円以上の贈賄を規制しています。ただ，執行状況は芳しくなく，ティーマネー的に公務員に便宜を図る慣習は残っています。

　2021年7月にはアウン・サン・スー・チー氏が収賄容疑で訴追されました。真偽は不明ですが，汚職が「政争の具」として利用される側面はあるようです。これは，贈賄の取締りに予測可能性が低いというカントリーリスクの1つです。

## ■競争法

　2017年に競争法が施行され，2018年に競争委員会が競争当局として設立されました。まだ執行の状況は報告されていません。

## ■どんな人材を送るべきか

　クーデター直後の政情不安もあり，カントリーリスクが最も高い国なので，貴重な人材を送ってもその人材を活かせるか不安があります。高度人材を送ることは控えましょう。

# 14　バングラデシュ

## ■概　況

　世界最貧国と言われるだけあり，首都ダッカのインフラはまだまだ未発達です。公共交通機関が未発達で流しのタクシーも走っていないというのは他国と大きな違いです。渋滞も，ジャカルタと並び世界最悪レベルです。至るところで下水工事をしているため，街中が下水臭かったりすることがあります。

　米中貿易摩擦の影響で，中国からバングラデシュに生産工場をシフトする動きがあります。

## ■法制度

　かつてはインドの一部であったためにコモンローの国です。世界正義プロジェクト（WJP）発表の2020年法の支配ランキングでは128か国中115位にとどまり，法律と実態との乖離が激しいです。

## ■法実務

　公用語はベンガル語であり，末端労働者は英語を話せません。ビジネスレベルの英語を話す弁護士を探すのも苦労します（ローカルの弁護士には期待できず，外資が入っている弁護士事務所のほうが質は安心できます）。

　法律の制度そのものと運用はだいぶ異なります。世界銀行の「契約執行」（紛争解決までの時間・コストや司法手続の質）ランキングでは，世界190国中189位という最下位に位置します。

　また，通関に時間を要する点がバングラデシュの最大のネックの１つです。実際，コロナウィルスの影響もあり，私もバングラデシュ弁護士からの法律意見書が半年くらい届かなかった目に遭いました。

　弁護士等のレベルやビジネスマナーなども，他国とは一段劣ると覚悟しましょう。例えば，きちんと時間通りに待ち合わせができる等の淡い期待を抱かないほうがいいです。弁護士の初任給（月給）は200米ドル程度であり，日本の弁護士の時給を下回るくらいです。

## ■労働実務

識字率は70％台ですし，最低賃金（月間）は縫製業で1万円程度です。そのため，労働生産性は他国より劣る部分があります。低賃金ですが，電力不足で停電が頻発するため自家発電コストを考慮に入れて投資しましょう。

## ■贈賄規制

汚職防止法はありますが，執行は芳しくありません。社会のあらゆる階層で汚職が日常的に行われています。

## ■競争法

2012年の競争法がありますが，執行状況等は低調です。日本企業にとって特に要注意とすべき情報はありません。

## ■どんな人材を送るべきか

インフラや物資が不足している状況で生き延びれるタフな人材が望まれます。海外生活に高望みをする人は向きません。高い生活水準に慣れていない30台前半までの若い人材が向いています。

# 15　スリランカ

## ■概　況

　「東洋の真珠」と呼ばれるスリランカは，地政学的に重要なインド洋の要衝にあり，中国の一帯一路政策でも重要な拠点です。面積は日本の20％以下で，人口2,000万人強と市場は小さいです。日本から直行便で9時間かかり，アジア諸国のうち最も時間的に遠い場所にあります（ニューデリーやハワイへ行くより時間がかかります）。なお，単位面積あたり世界遺産の数が世界2位というのがスリランカの自慢の1つです。

　インド系的な風貌をしている民族が多いですが，宗教は小乗仏教が主体です。

　サンフランシスコ条約で日本が独立した1952年に，スリランカのジャヤワルダナ大統領（当時は蔵相）が日本の独立を支援する演説をするなど，歴史的に親日国です。2004年のスマトラ島沖地震や2011年の東日本大震災でも，国同士がお互いに支援し合いました。

　2009年の内戦終了後に外国資本を活発に導入しており，コロンボ（首都スリジャヤワルダナプラコッテに隣接）では高級ホテルが林立しています。

## ■法制度・実務

　旧英植民地なのでコモンローです。インド人ほど英語に訛りは強くないので，弁護士とのコミュニケーションはしやすいです。

## ■労働法

　インドと同様，労働関係を一律に規制する労働基本法（日本の労働基準法に相当）はありません。店舗及び事務所労働者に関する法，工場法，解雇法等の50近くの法律が場面に応じて適用されます。解雇が（日本と同等かそれ以上に）困難であることは他の国と同様です。

　仏教国で親日的な国民性のため，労務管理における価値観の相違で苦労することは少ないです。タイやブラジルと異なり，現地スリランカ人の雇用義務はありません。

## ■贈賄規制

2013年に最高裁長官が汚職を理由に解任されたことから分かるように，最もクリーンであるべき人が汚職を行うような国です。2019年にゴタバヤ・ラージャパクシャ現大統領は実兄マヒンダ元大統領を首相に任命しました。ラージャパクシャ兄弟で大統領と首相を占めており，一族支配下にあるためガバナンスが利かずに汚職が進むおそれが懸念されています。

## ■競争法

カンボジア同様，スリランカには競争法は存在しません。競争法を代替するものとして消費者問題局法や企業結合法などがありますが，カルテル等を一般的に取り締まる法律はありません。国際競争力を維持するために，国として有力企業の独占を認めているためです。

## ■どんな人材を送るべきか

他の発展途上国もそうですが，スリランカ人にとっては，数日先以降のスケジュールは「遠い未来」であり，約束として成立しにくいです。そのため「予定は未定」で行き当たりばったりのことが多く，何が起きても「こんなもんだ」と思える図太い（いい意味で鈍感な）人がお勧めです。

基本的にスリランカの食事はカレーです。肉と言えば「肉のカレー」，魚と言えば「魚のカレー」が出てきます。三食がカレーでも大丈夫という人はスリランカ生活を楽しめるでしょう。

# 16　ラオス

## ■概　況

　ASEAN唯一の内陸国で，人口は約700万人しかいません。首都ビエンチャンの人口も約70万人しかなく，日本の市区町村では上から20番目程度の規模（熊本市，岡山市，静岡市，相模原市，江戸川区や足立区程度）です。

　1975年に建国された新しい国で，建国後まだ46年しか経っていません。その間ずっと共産党独裁政権で，今でも街の主要部分に共産党旗が誇らしげにそびえ立っています。国のシステムは多方面で「ミニ・ベトナム」で，歴代の政権もベトナムの顔をうかがっています。

　通貨キープに信用力がなく，米ドルやタイバーツが通用します。

## ■法制度

　多くの法制度でベトナムを模倣しています。

　契約や財産につき16個以上の法律が存在し，それらの整合性に問題がありました。日本が法整備支援をして，2020年5月からようやく統一的な民法典が施行されました。この民法典には日本法の影響があります。

## ■法実務

　共産主義国独特の当局とのタフな折衝が必要になります。例えば，会社設立は，ベトナム同様，世界標準の「50万円＋1か月」ではなく，「100〜200万円＋半年〜1年」コースを覚悟しましょう。世界銀行の「事業開始」ランキングでは世界190国中181位にとどまります。それだけ事業開始が困難だということです。

　倒産法制はあるものの，これまで何十年もの間，破産法に基づいた破産手続すら行われずに，単なる休眠会社（ないしは夜逃げ）扱いにしているだけと言われています。法律が法律どおり執行されない典型例といえます。

## ■労働法

　不当解雇の場合，直近の月給×勤務月数×15％の補償金の支払義務があります。直近月収5万円で5年勤続した労働者を不当解雇した場合は45万円

（9か月分の月収）になります。「勤続年数あたり約1か月分」という解雇手当の金額の世界標準（第4章１参照）よりやや高額です。15〜25％の外国人労働者の雇用上限規制があります。

### ■贈賄規制
2012年の改正反汚職法が存在するものの，罰則規定がありません。代わりに刑法が贈賄行為を規制しています。執行が厳しいという情報はありません。

### ■競争法
2016年施行の競争法はあるものの，執行されたという情報はなく，形だけの法律となっています。経済レベルが低いので，高度経済成長期の日本のように，国際的競争力をつけるためには独占・寡占を禁じているところではないというのが本音と思われます。

### ■どんな人材を送るべきか
「50年近く，共産党独裁下で，ほとんど変化しない」国の閉塞感と停滞感は，現地を肌で感じるととてもショックを受けます。街中どこを見ても活気がありません。私が現地に赴いた際，国一番とされる首都の真ん中の観光スポットに私一人しか居なかったという珍しい経験もしました。

文物も極めて少なく，日用品の調達にも苦労します。首都ビエンチャンにあるラオス随一のショッピングセンターの品揃えも非常に貧弱で，「渋谷109の10分の1程度の商品量」しかないような印象でした。

このような変化のない国でゆっくり暮らすことを好む，あまり進取の気性に富まない方がラオス生活には向いています。

# 参考文献

弁護士法人 瓜生・糸賀法律事務所編（2020年）『個人情報 越境移転の法務』中央経済社

中崎尚（2018年）『Q＆Aで学ぶGDPRのリスクと対応策』商事法務

渡邉雅之（2019年）『GDPR－EU一般データ保護規則－法的リスク対策と個人情報・匿名加工情報取扱規程』日本法令

ベーカー＆マッケンジー法律事務所編（2013年）『海外進出企業の贈賄リスク対応の実務－米国FCPAからアジア諸国の関連法まで』中央経済社

木本泉（2016年）『実務小冊子シリーズ11 改訂版従業員教育に役立つコンプライアンスの基本』みずほ総合研究所株式会社 相談部 東京相談室

國廣正・五味祐子・中村克己（2015年）『海外贈収賄防止 コンプライアンス・プログラムの作り方』レクシスネクシス・ジャパン

森・濱田松本法律事務所 グローバルコンプライアンスチーム編（2014年）『外国公務員贈賄規制と実務対応——海外進出企業のためのグローバルコンプライアンス』商事法務

村上康聡（2015年）『海外の具体例から学ぶ腐敗防止対策のプラクティス―各国最新情報と賄賂要求に対する効果的対策法』日本加除出版

北京市金杜法律事務所 コンプライアンスチーム編（2015年）『中国商業賄賂規制コンプライアンスの実務』商事法務

フレッシュフィールズブルックハウスデリンガー法律事務所編（2016年）『よくわかる世界の労働法』商事法務

経営法友会海外コンプライアンス研究会編（2018年）『海外コンプライアンスあるある【会員限り】』経営法友会

アンダーソン・毛利・友常法律事務所監修・著，デービス・ポーク・アンド・ウォードウェル，君合律師法律事務所，スローター・アンド・メイ法律事務所著（2013年）『域外適用法令のすべて』きんざい

飛松純一・金丸祐子（2020年）『海外取引の「困った」に答える企業法務の初動対応Q＆A』中央経済社

森下哲朗・平野温郎・森口聡・山本卓（2017年）『ケースで学ぶ 国際企業法務のエッセンス』有斐閣

One Asia Lawyers Group／弁護士法人One Asia（2021年）『最新 東南アジア・インドの労働法』中央経済社

ベーカー＆マッケンジー法律事務所・KPMGコンサルティング株式会社編（2019年）『海外子会社リーガルリスク管理の実務』中央経済社

武川丈士・眞鍋佳奈・井上淳著（2017年）『ミャンマー法務最前線——理論と実務［第2版］』商事法務

西村あさひ法律事務所編（2020年）『ミャンマーのビジネス法務』有斐閣

あさひ法律事務所・税理士法人タクトコンサルティング（2015年）『子会社管理の法務・税務〈第2版〉』中央経済社

有吉功一（2020年）『国際カルテル——狙われる日本企業』同時代社

北島純（2011年）『解説 外国公務員贈賄罪 立法の経緯から実務対応まで』中央経済社

吉川達夫・平野高志・小原英志編（2015年）『海外子会社・海外取引のためのコンプライアンス違反・不正調査の法務』中央経済社

グローバル・コンプライアンス研究会（2013年）『体系 グローバル・コンプライアンス・リスクの現状—求められるわが国の対応指針—』きんざい

ベーカー＆マッケンジー法律事務所編（2014年）『3つのステージで考える アジア事業投資とコンプライアンス戦略』中央経済社

長谷川俊明（2017年）『海外子会社のリスク管理と監査実務』中央経済社

有限責任監査法人トーマツエンタープライズリスクサービス編（2015年）『海外子会社管理の実践ガイドブック ガバナンスから内部統制・コンプライアンスまで』中央経済社

毛利正人（2014年）『図解 海外子会社マネジメント入門』東洋経済新報社

上杉秋則（2012年）『独禁法国際実務ガイドブック——グローバル経済下の基礎知識』商事法務

ベーカー＆マッケンジー法律事務所 反トラスト法・競争法グループ（2020年）『違反事例で学ぶ 海外「競争法」規制内容と制裁金の実態—米・EU・BRICS・アジア主要国等—』第一法規

平尾覚・龍義人（2015年）『競争法グローバルコンプライアンス』レクシスネクシス・ジャパン

山口利昭・井上朗・龍義人（2014年）『国際カルテルが会社を滅ぼす』同文舘出版

フレッシュフィールズブルックハウスデリンガー法律事務所編（2015年）『よくわかる独禁法グローバル実務』商事法務

越知保見（2020年）『日米欧競争法大全』中央経済社

松内秀樹（2007年）『海外子会社の内部統制 J-SOXをグローバル展開する際の勘どころ』中央経済社

高橋均（2015年）『グループ会社リスク管理の法務（第2版）』中央経済社

【著者紹介】

**中山　達樹**（なかやま　たつき）

東京大学法学部，シンガポール国立大学ロースクール卒業。シンガポール大手法律事務所等を経て，現在は中山国際法律事務所の代表弁護士。環太平洋法曹協会（Inter-Pacific Bar Association）にて要職を歴任。グローバル・ガバナンス・コンプライアンスが専門。近年は，退屈なコンプライアンスを明るく楽しく捉え直し，組織改革につながる「インテグリティ」を提唱し，その普及に務めている。

グローバル・ガバナンス・コンプライアンス
海外進出前のデザインから進出後の対応まで

2021年10月15日　第1版第1刷発行

著　者　中　山　達　樹
発行者　山　本　　　継
発行所　㈱中 央 経 済 社
発売元　㈱中央経済グループ
　　　　パ ブ リ ッ シ ン グ

〒101-0051　東京都千代田区神田神保町1-31-2
電話　03 (3293) 3371 (編集代表)
　　　03 (3293) 3381 (営業代表)
https://www.chuokeizai.co.jp
印刷／㈱堀内印刷所
製本／㈲井上製本所

© 2021
Printed in Japan